KB237604

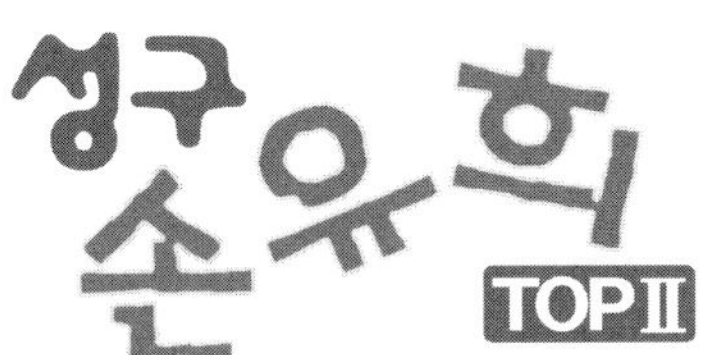

지은이   **박 신 자**

▷ 전북대학교 독어독문학과 졸업
▷ 전북신학교 수료
▷ 교회학교 교사 (경력 22년)
▷ 성서유니온 선교회 전주지부 어린이 협동간사
▷ 복음찬양 작사 작곡가
▷ 특별활동 및 찬양율동 강사 (경력 18년)
▷ 레크리에이션, 웃음치료사 1급

저서

▷ 율동 TOP
▷ 큰 기쁨의 좋은 소식 (크리스마스 칸타타)

성구 손 유희 TOP II

지은이   박신자
발행인   김수곤
구성 디자인 박신자
그림 도해   박신자
편집   김정숙
초판1쇄   2009년 1월 3일
발행처   선교횃불
주소   서울특별시 송파구 삼전동 103
         전화: (02)2203-2739
         팩스: (02)2203-2738
등록일   1999년 9월 21일   제54호
ISBN   89-5546-075-9   03230
총판   선교횃불
값   12,000원

ⓒ 선교횃불

성구 손유희

TOP II

박신자 지음

신교횃불

contents ⊙

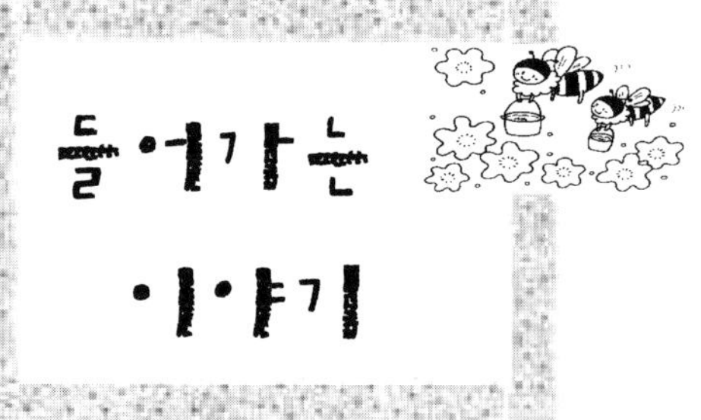

누군가 나에게 크리스천들에게 있어서
가장 중요한 것이 뭐냐고 묻는다면
나는 자신 있게 하나님의 말씀이라고
대답할 것입니다.

그것은 하나님의 말씀인 성경 안에 모든 것이 다 들어 있기 때문입니다. 성경은 보이지 않는 하나님을 볼 수 있도록, 우리의 손에 잡힐 수 있도록 만들어 주신 것입니다. 이것은 인간에게 주신 예수님 다음으로 가장 큰 선물이라고 말하고 싶습니다.

우리가 잘 아는 바울의 아들과도 같은 디모데는 어려서부터 성경을 알았습니다. 디모데뿐 아니라 하나님의 백성들이라면 이것은 당연히 해야 할 일인 것입니다. "오늘날 내가 네게 명령하는 이 말씀을 너는 마음에 새기고 네 자녀에게 부지런히 가르치며 집에 앉았을 때에든지 길에 행할 때에든지 누웠을 때에든지 일어날 때에든지 이 말씀을 강론할 것이며" (신 6:6-7).

이 일에 조금이라도 도움이 되고 싶은 마음에 성구 손 유희 전문집을 만들기로 맘 먹은 지 10년이 넘었고 이제서야 드디어 책으로 나오게 되었습니다.

그런데 하나님 말씀은 하나인데 그것을 보는 시선은 그렇지 만은 않습니다. 여기서는 그런 문제들을 다 다룰 수는 없지만 그 동안에 본인이 그 말씀에 대해서 부족하지만 조금이나마 깨닫게 해주신 것들을 여기에 첨가하여 보았습니다. 왜냐하면 성구를 알고 외우는 것도 중요하지만 그 의미를 느낄 수 있는 것 또한 실제적인 교육을 위해서 반드시 필요하기 때문입니다.

그리고 거기에 사용되어지는 동작의 의미를 설명하여 성구를 연상하는 데 있어서 도움이 되도록 하였습니다.

저의 개인적인 바람은 이 책이 선교 현장에서 굶주린 주의 백성들에게 하나님의 말씀이 떡과 함께 하늘의 만나로 사용되어지는 데 더욱 쓸모 있는 그릇이 되어지기를 소망합니다.

그래서 여기에서는 영어를 대표적인 외국 언어로 만들었습니다. 몸짓은 세계 공통어입니다. 각 나라말로 번역하거나 표현 동작을 그 나라의 표현 언어에 맞게 리모델링해서 사용한다면 그 곳에서도 역시 좋은 그릇이 될 것입니다.

영어 본문은 New International Version을 사용했으며 영어의 의미나 한국어의 의미도 중요하지만 원문이 나타내고자 하는 의미에 충실하려고 히브리어나 헬라어 번역 성경을 같이 대조하며 그 표현을 만들었습니다.

지면을 빌어 즐거이 저의 책을 출판해 주신 영상복음문고 대표 최득원 장로님께 감사드리고 이 책을 작업할 수 있도록 여러 가지 면에서 항상 배려해 주며 옆에서 말없이 기도하며 지켜봐 준 남편 박창범 목사님께 항상 고마움을 가지고 있습니다.

이 책은 하나의 도구일 뿐입니다. 그러나 이 도구를 사용할 때 우리와 함께 계시는 성령 하나님의 역사가 이 말씀이 심겨지는 영혼마다 역사하실 것입니다. 그분의 나라와 그분의 영광을 위해서 하나님의 사람으로 온전케 되도록....

손 유희란

손이라는 매개체를 통해서
넓게는 몸동작을 통해서
교육의 대상에게 교육의 내용을 전달하는
교육 수단의 한 가지입니다.

교회학교 교육의 목적은 하나님의 말씀으로 구원 받은 어린이들을 양육시켜 하나님의 사람으로 온전케 하는 데 있습니다. 그러므로 교회학교에서 사용되어지는 손 유희는 어떤 재미로만 끝나는 내용보다는 아이들에게 이러한 목적을 이루는 데 필요한 내용으로 손 유희를 진행하는 것이 무엇보다 중요합니다. 성구 손 유희 교재는 이러한 점에 있어서 좋은 자료가 된다고 할 수 있습니다.

■ 손 유희는 교육의 수단으로써 가지고 있는 장점들이 있습니다.

활동성이 강한 아이들에게 잘 맞는 교육 방법이며
아이들을 집중시키는 데 효과가 있으며
아이들이 교육의 내용과 쉽게 친숙하게 만들어 주고
선생님과 아이들의 거리를 좁혀 주어 공감대가 잘 형성됩니다.
또한 어린이가 직접 참여하기 때문에 교육하고자 하는 내용을 기억하는데 도움을 줍니다.

■ 손 유희의 종류로는

성경암송을 위한 손 유희와
신앙생활에 필요한 것들을 교육하는 손 유희,

일반적인 손 유희가 있으며,

설교의 내용을 손 유희로 만들어서 하기도 합니다.

■ 그리고 선생님에게 필요한 것은요

가르치고자 하는 열정이 있어야 하구요.

선생님 스스로가 즐기고 재미있어해야 합니다.

그리고 끊임없이 연습하며 자신감을 가지고 아이들 앞에 선다면

누구나 훌륭한 손 유희 선생님입니다.

요즘 아이들 굉장히 자유분방하고 소위 말 잘 듣는 아이 찾아보기가 힘든 상황이죠.
선생님도 같이 큰소리를 지르며 아이들을 집중시키기보다는 교육적인 효과와 함께 자
연스럽게 집중할 수 있는, 두 마리의 토끼를 잡을 수 있는 성구 손 유희를 준비하여
아이들에게 줄 수 있는 선생님이라면 정말 지혜로운 선생님이 되실 것입니다.

그럼 어떻게 가르쳐야 할까요?
선생님들의 이 고민을
해결해 드려야겠죠!

여기에 소개되어진 방법은 단순히 그 자리에서만 익히고 끝나는 것이 아니고 아이들이 그 성경 구절을 암송하도록 하는 데까지 이르도록 하기 위한 방법입니다.

■ 1 먼저 선생님을 따라서 한 동작씩 따라 해 봅니다.
　　이때 선생님들은 구연과 동작을 정확히 해 주셔야겠죠.

■ 2 이번에는 그 동작의 의미와 성구의 의미를 설명해 줍니다.
　　이 내용은 선생님들께서 미리 생각해서 준비하시는 것이 좋겠죠. 그리고 이 부분은 삭제하시면 아니 되옵니다. 왜냐하면 이러한 내용을 알고 하는 것과 모르고 하는 것은 아이들이 성구를 외우는 데 영향을 주며 또 마음으로 그 말씀을 느끼면서 하는 것이 실제적인 교육이 되기 때문입니다.

■ 3 그 다음으로 선생님이 동작을 하면 아이들이 그 동작에 상응하는 부분을 말하게 합니다. 이때 처음에는 순서대로 하다가 어느 정도 익숙해지면 속도도 더 빠르게 하면서 같은 부분을 반복한다든지 또 순서를 뒤섞어서 사용하면 재미를 더해 줍니다.
■ 4 이번에는 선생님과 아이들의 역할을 바꾸어서 해봅니다. 선생님이 어떤 부분을 말하

면 아이들이 그 동작을 하게 합니다. 이것도 진행하는 방법은 3번과 같습니다.

■ 5 어느 정도 익숙해지면 처음부터
아이들과 함께 해봅니다.

■ 6 그리고 시간이 더 허락한다면 아이들 중에 한명을 지목하여 시켜 봅니다. 처음부
터 해보도록 할 수도 있고 3번과 4 번의 내용을 아이가 직접 해보
게 할 수도 있습니다. 또 팀으로 나누어서도 할 수 있는데요. 두 팀
으로 나눈다면 팀의 대표가 한 명씩 나오게 하여서 반대 팀에 내용
을 지시하도록 하는 것입니다.
지시를 잘 표현하는 팀이 좋은 점수를 얻겠죠?
이렇게 한때 아이들이 더 관심 있어 하며 재미있어 합니다.

■ 7 선생님들의 더 지혜롭고 재미있는 아이디어를 만들어 보시구요 나머지 더 알고 싶으
신 것들이 있으시면 도시락 싸가지고 저희 집에 오시든지 전화 주시면 친절히 도와
드리겠습니다.

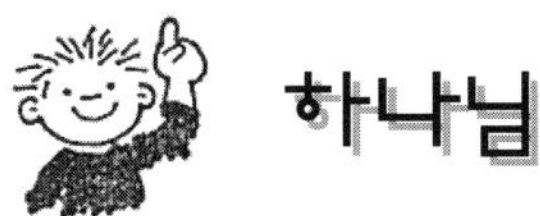
하나님

젊은 사자는 궁핍하여 주릴지라도
여호와를 찾는 자는 모든 좋은 것에 궁핍함이 없으리로다

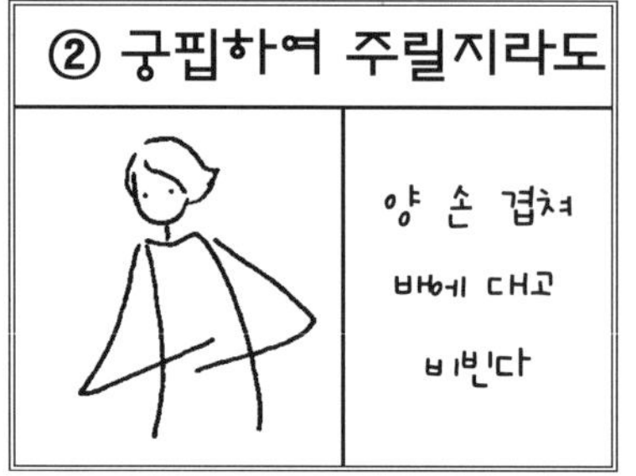

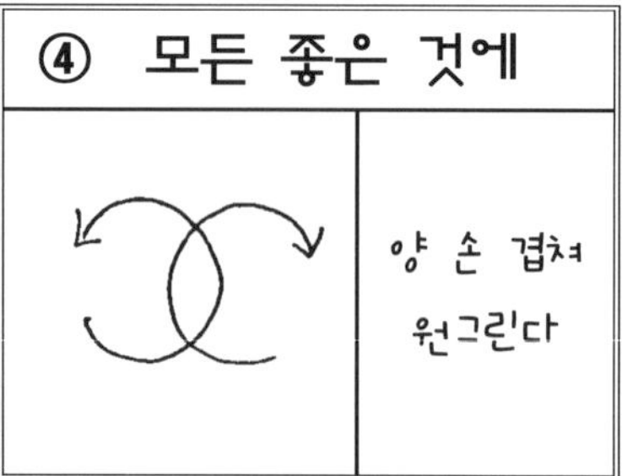

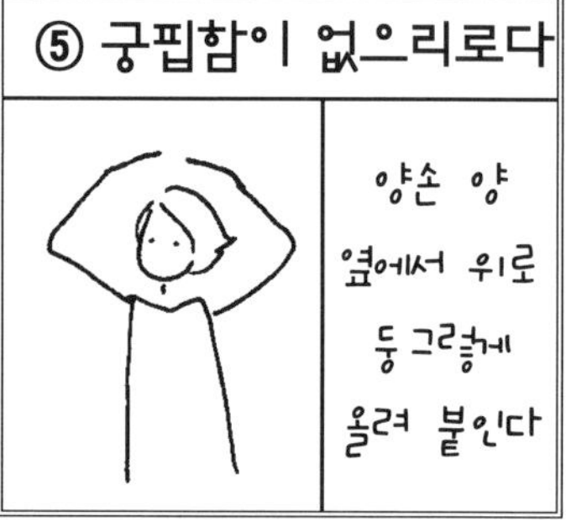

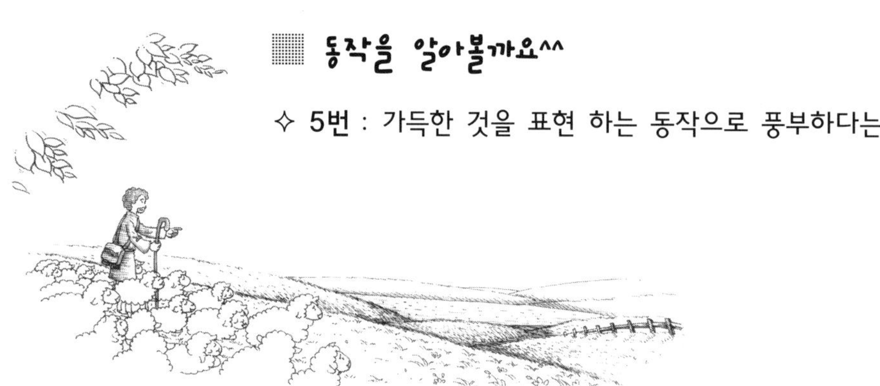

▨ **동작을 알아볼까요^^**

◇ 5번 : 가득한 것을 표현 하는 동작으로 풍부하다는 뜻입니다.

The lions may grow weak and hungry,
but those who seek the Lord lack no good thing

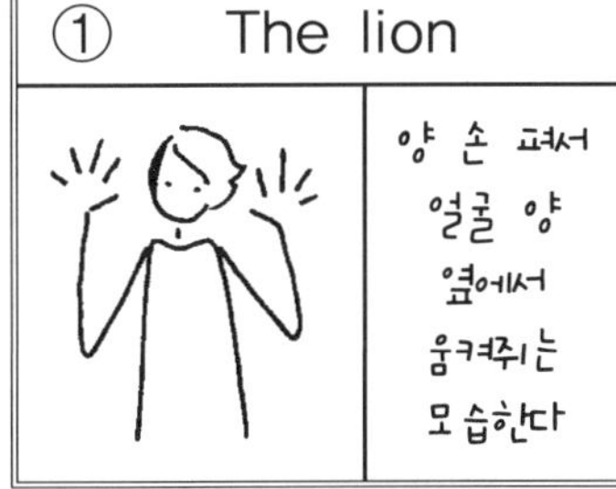

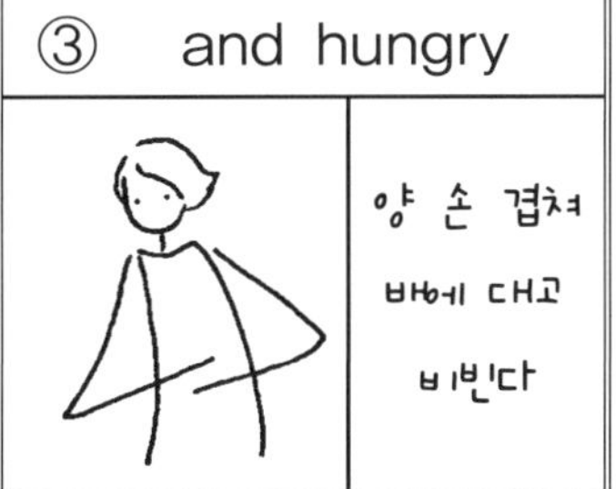

■ **들어보세요!**

젊은 사자와 여호와를 찾는 자가 대조되어 표현되고 있는데 여기서 사자는 이 세상에서 강함의 상징으로 대표되는 역할을 하고 있다. 이렇게 강한 존재도 뭔가가 부족하고 주릴 때가 있지만 하나님을 찾는 자, 하나님을 바라보고 하나님을 의지하는 자는 결코 그럴 리가 없다는 것이다. 그것도 모든 좋은 것에 말이다. 우리 하나님 아버지는 이러한 분이시다. 자기의 자녀들을 부족함이 없게 해주시는 분, 자기를 찾는 자들을 결코 배신하지 않으시는 분. 너무도 든든한 아버지이시다. 그런데도 우리는 참 세상일에 걱정을 많이 하고 살아간다. 또 이렇게 좋은 아버지가 계신데도 젊은 사자처럼 자기 힘으로 잘 살아보려고 한다. 하나님을 찾는 것, 정말 간단하고 쉬운 방법인데 많이 애용하면 좋겠다.

너의 길을 여호와께 맡기라
저를 의지하면 저가 이루시고

▒ **동작을 알아볼까요^^**

✧ **2번 (영1번)** : 우리가 하나님께 맡기는 대표적인 행위는 기도하는
것이죠.

Commit your way to the Lord,
trust in him and he will do this

■ 들어보세요!

'너의 길'이란 무엇인가? 나의 세상 욕심을 이루기 위한 길이 아니다. 세상의 성공을 위한 길이 아니다. 하나님의 이름의 영광을 위해서 걸어가는 나의 인생길을 여호와께 맡기는 것이다. 정말 편한 방법이다. 맡긴다는 것, 그런데 어찌 보면 추상적인 거 같다. 과연 어떻게 하는 것이 맡기는 것인가? 아무것도 하지 않은 채 막연히 무언가가 이루어지기를 기다린다는 것은 아닐 것이다. 그것은 먼저 나의 삶의 주권자가 하나님이시다는 것을 인정하는 것이며 그분의 주파수에 맞춰 자신이 최선을 다해 살아가는 것이라고 생각한다.

여호와를 경외하는 것이 지식의 근본이거늘

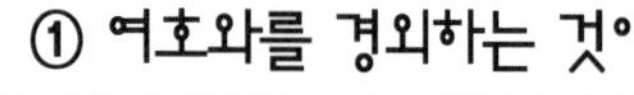

▦ **동작을 알아볼까요^^**

◇ **1번 (영1번)** : 하나님을 경외한다는 것은 결국 하나님의 얼마나 크심을 인정하고 그분을 최고로 여기는 삶을 말하는 것이다.

◇ **3번 (영2번)** : 막을 여는 동작으로 시작을 나타내 준다.

The fear of the Lord is the beginning of knowledge

① The fear of the Lord	② is the beginning	③ of knowledge

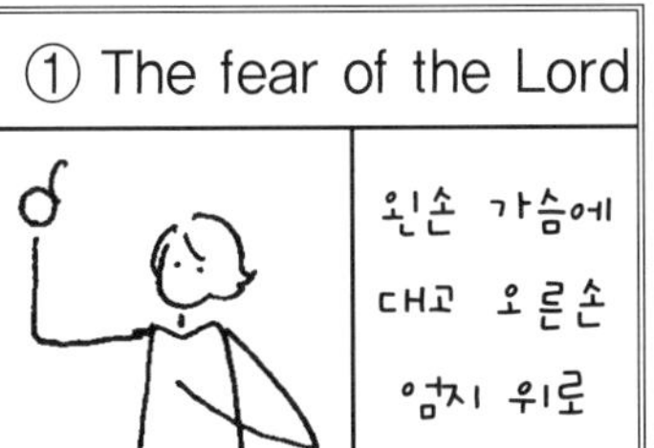

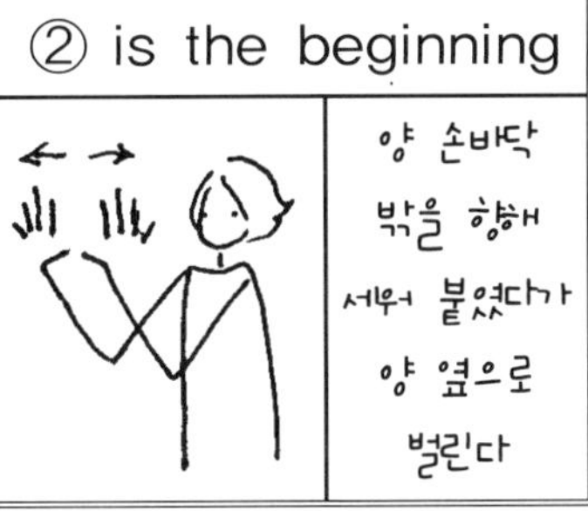

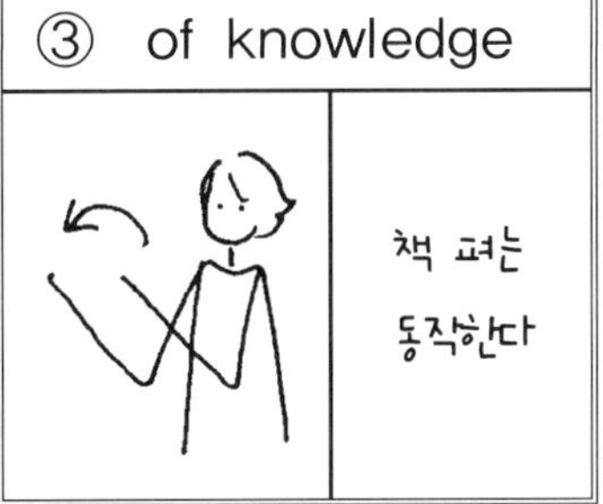

▒ **들어보세요!**

지식을 만드신 분이 하나님이시기 때문이다. 지식의 진가와 가치는 하나님을 바로 알 때 그것이 제 값을 발휘하게 된다. 하나님을 두려워하지 않는 지식은 사람들을 오히려 해치고 자기 이익을 채우는 고상한 흉기가 될 수 있다. 우리나라 교육열은 세계에서도 알아 주는데 자식에게 정말 가르쳐 줘야 할 지식의 시작은 하나님을 두려워할 줄 아는 법이다. 주일날 예배는 소홀히 하면서 성경 읽기는 게을리 하면서 대학에 합격하기만 바라며 새벽마다 기도하는 부모의 모습 속에서는 왠지 이런 교육이 제대로 이루어지지 않을 것 같다.

여호와는 악인을 멀리하시고
의인의 기도를 들으시느니라

② 악인을	④ 의인의 기도를
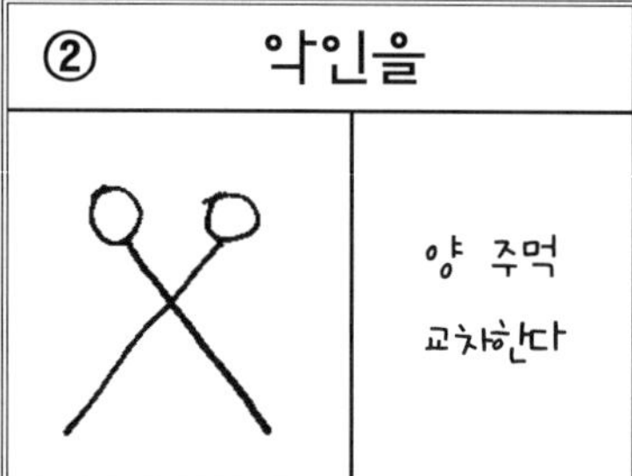	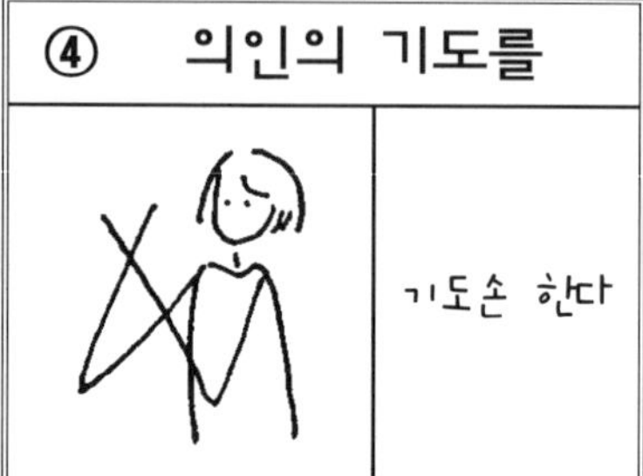

① 여호와는	③ 멀리하시고	⑤ 들으시느니라
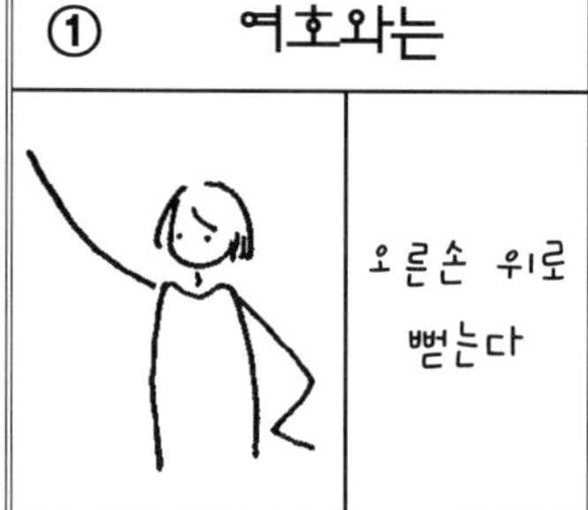	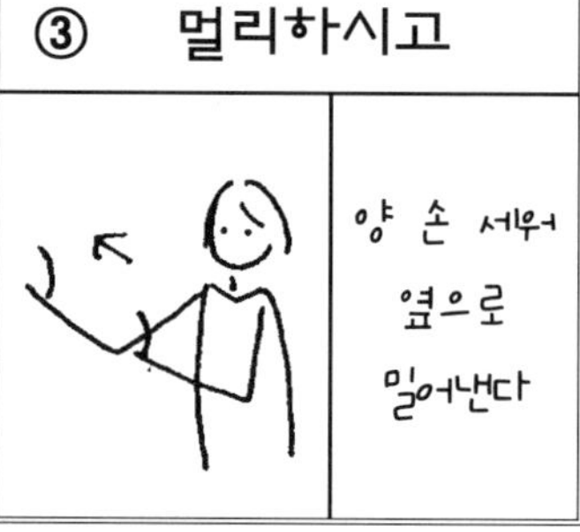	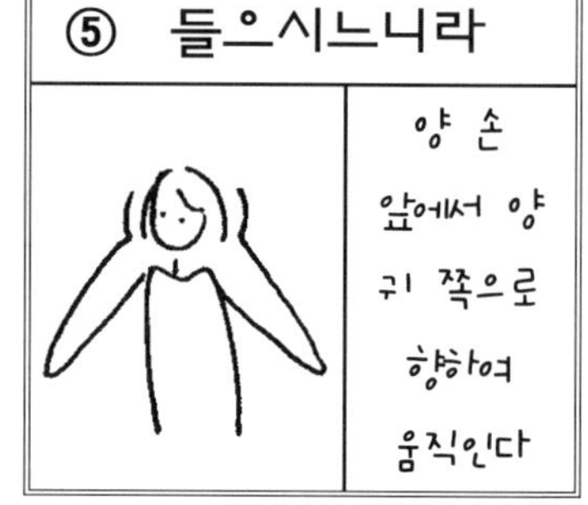

▨ **동작을 알아볼까요^^**

◇ **2번 (영3번)** : 악인은 항상 죄 아래 있는 자이기 때문에 죄를 상징하는 동작으로 표현했습니다.

◇ **3번 (영2번)** : 이 단어는 거리상으로 멀리 있다는 말이지만 실제적인 뜻은 그러한 것보다는 하나님과의 관계성을 말하는 것으로 싫어한다는 말이죠.

The Lord is far from the wicked

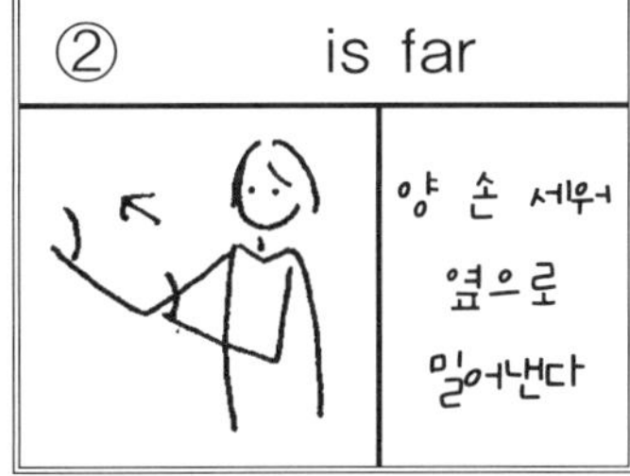

③ from the wicked

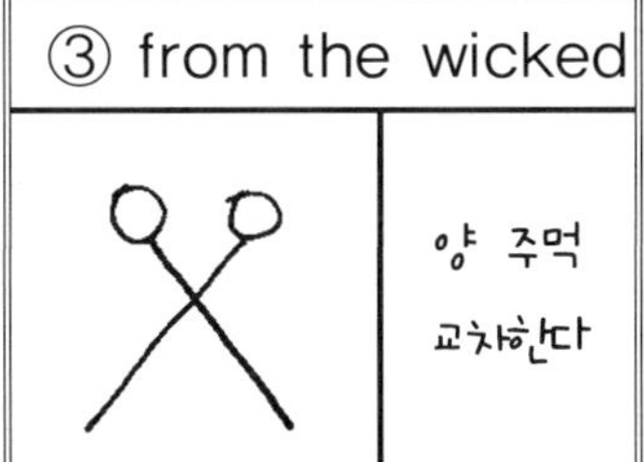

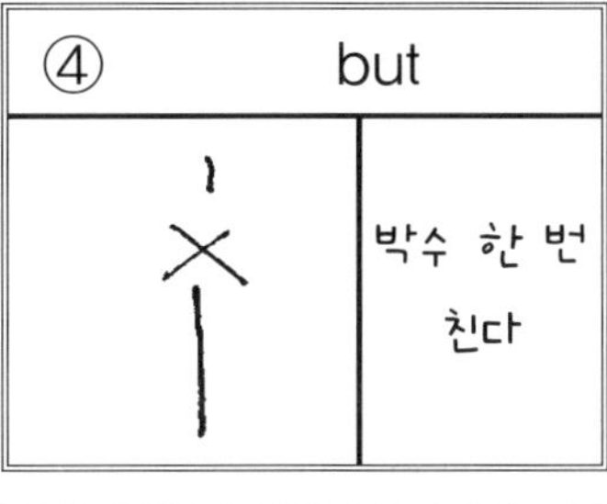

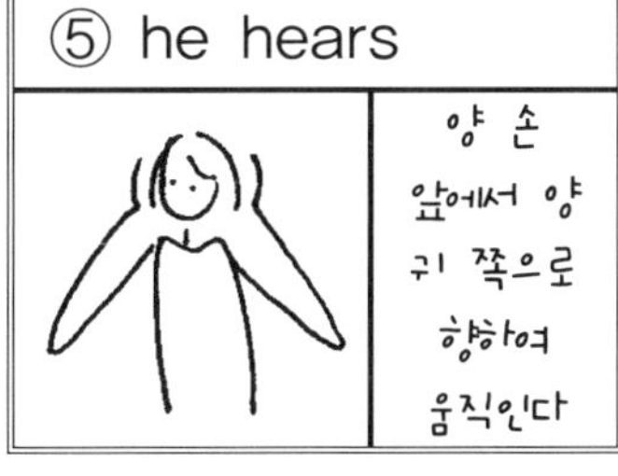

but he hears the prayer of the righteous

▓ **들어보세요!**

성경이 말하는 악인은 세상 도덕적으로 큰 죄를 짓는 사람들을 말하는 것이 아니다. 하나님을 섬기지 않고 예수님을 모르는 사람들이다. 이것 자체가 악인의 기준이다. 그렇다면 자연히 의인의 기준도 마찬가지가 된다. 하나님을 섬기며 예수 그리스도를 믿는 자, 그들이 의인이다. 하지만 하나님께서는 악인에게도 똑같이 햇빛과 비를 주시는 사랑이 많으신 하나님이시다. 그러나 그렇다고 그들과 가까이 계신 분은 아니시다. 그분의 눈은 항상 의인들에게로 향하여 계신다. 정말 행복한 사실이다. 기도란 이런 분과의 교제이다. 기도를 하나님께 뭔가를 얻어내는 수단으로만 생각한다면 그것은 동네 성황당 나무를 섬기는 것과 다를 것이 없다. 여기서 들으신다는 무엇을 이루어주신다는 의미가 아니다. 말 그대로 우리의 말을 듣고 계신 것이다. 나를 향하고 계신 하나님과 끊임없는 대화를 위해서는 늘 그분을 생각하는 것에서부터 시작이 된다. 하루 동안 얼마나 하나님을 생각하는지? 바쁜 하루를 살다보면 정말 적은 시간일 때가 많다.

대저 하나님의 모든 말씀은 능치 못하심이 없느니라

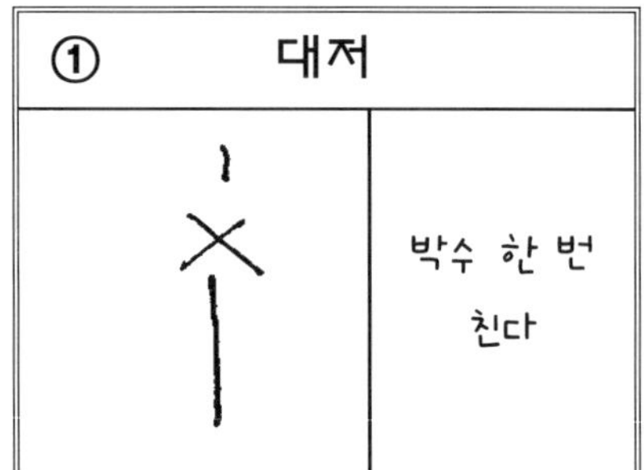

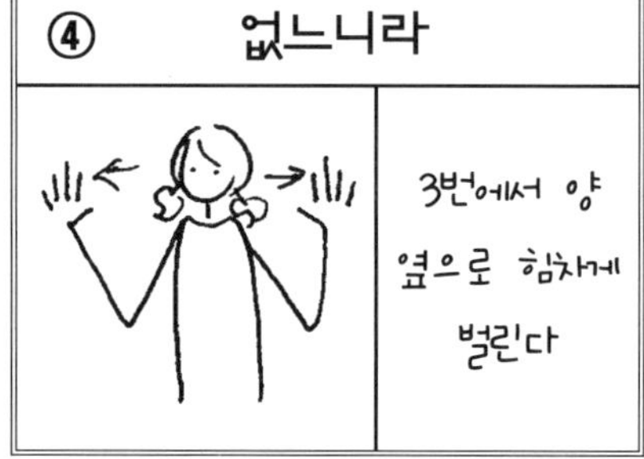

▨ 동작을 알아볼까요^^

◇ 다 이해하시죠!

For nothing is impossible with God

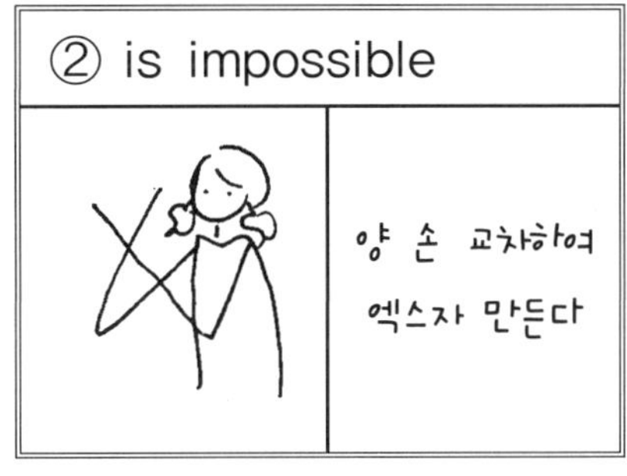

▤ **들어보세요!**

해를 멈추게 하신 하나님, 아무런 농사를 짓지 않고 광야에서 40년간을 살아온 이스라엘의 수많은 백성들, 더 이상 하나님에 대해 무슨 말이 필요한가? 이 말씀은 가브리엘 천사가 마리아에게 예수님을 잉태할 것을 전해 주었을 때 마리아는 어떻게 처녀인 자기가 아이를 가질 수 있느냐는 질문에 대한 가브리엘 천사의 답변이다. 이 질문은 인간의 상식으로는 도저히 있을 수 없는 일이기 때문에 누구나 할 수밖에 없는 질문이다. 하지만 하나님이시기 때문에 가능하다는 말이다. 우리는 우리의 좁은 생각의 테두리 속에서 하나님을 다 이해하려는 어리석음을 범할 때가 종종 있는데 그렇다면 그건 인간과 동등한 존재로 하나님을 전락시켜 버리는 일이 되고 만다. 암튼 이러한 하나님이 우리와 함께 계심을 확신할 때 걱정이란 단어는 의미가 없을 것이다

성령으로 하지 아니하고는
누구든지 예수를 주시라 할 수 없느니라

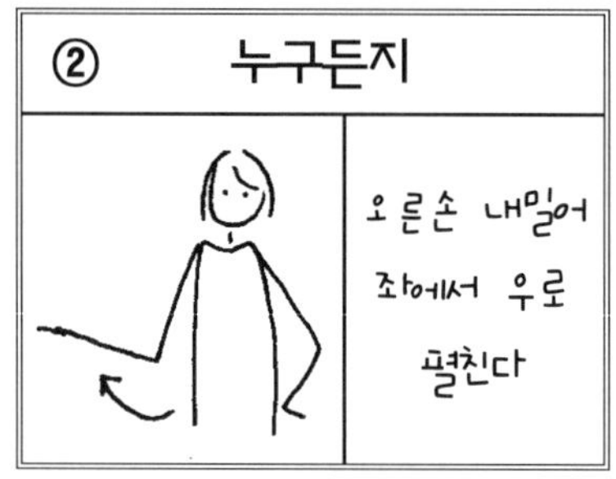

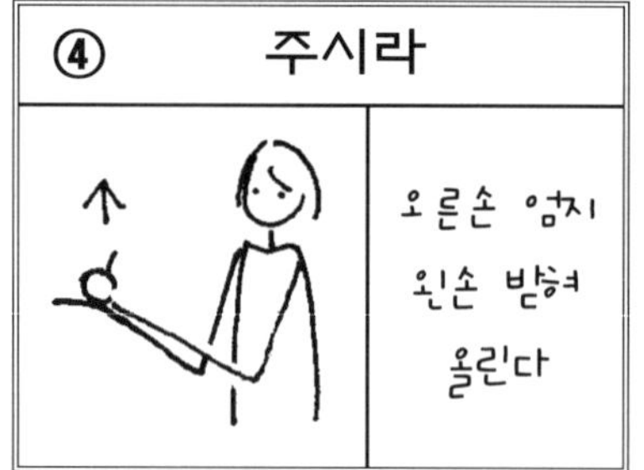

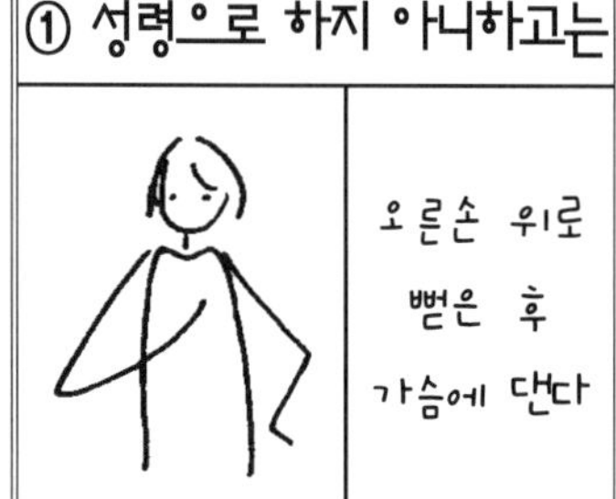

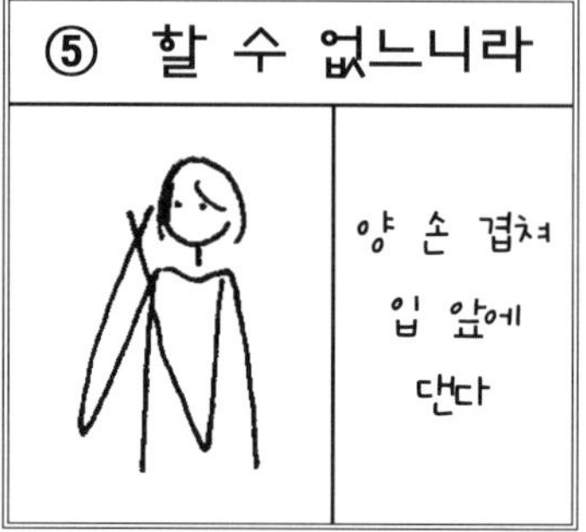

▦ 동작을 알아볼까요^^

◇ 1번 (영3번) : 이 말은 오직 성령 하나님에 의해서 만이라는 의미이며 나와 함께 하시는 하나님이란 뜻의 동작입니다.

◇ 5번 : 입으로 고백하는 것을 하지 못하기 때문에 입을 막는 동작으로 표현했습니다.

No one can say "Jesus is Lord"
except by the Holy Spirit

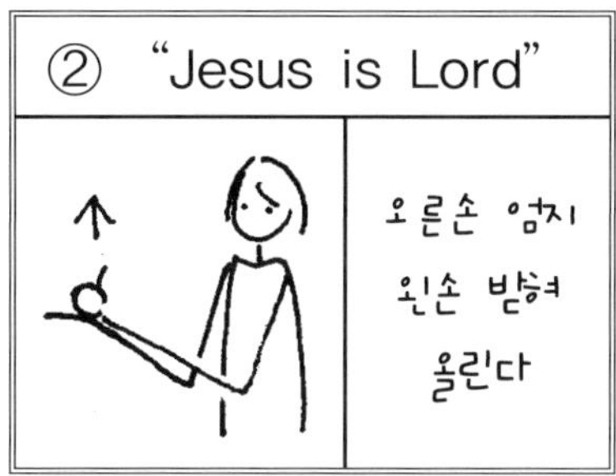

■ 들어보세요!

우리가 성령 하나님에 대해서 오해하고 있는 부분 가운데 하나는 성령을 받은 사람들은 예를 들면 무슨 방언을 한다든지 아니면 병을 고친다든지 개인의 사생활에 관한 예언을 한다든지 뭔가 특별한 현상들이 나타나야 한다고 생각하는 것이다. 그래서 그러지 못한 사람들은 자신은 성령을 받지 못한 것으로 생각하여 기가 죽어 있다. 그러나 기를 살릴 수 있는 방법이 있으니 바로 이 말씀이다. "예수님은 나의 주인 이십니다"를 진정으로 고백할 수 있는 자라면 성령 하나님께서 함께 계시는 자라고 말한다. 휴~ 정말 다행이다. 하나님께서 이렇게 간단한 방법을 주셨으니 말이다. 누가 성령을 받았느냐고 물어보거든 자신 있게 말하자. "예수님은 나의 주인이십니다."

하나님을 가까이 하라
그리하면 너희를 가까이 하시리라

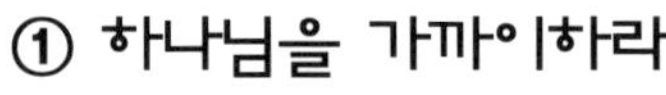

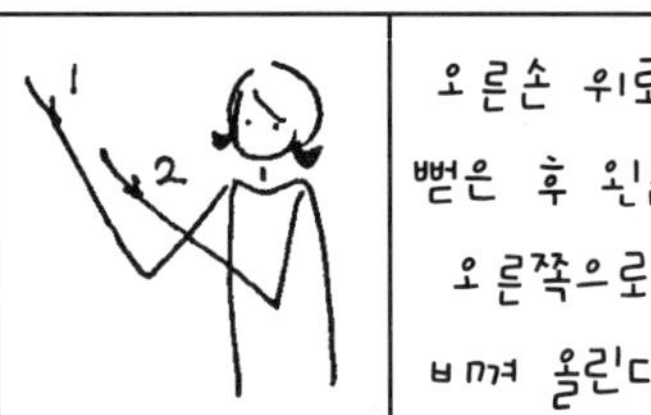

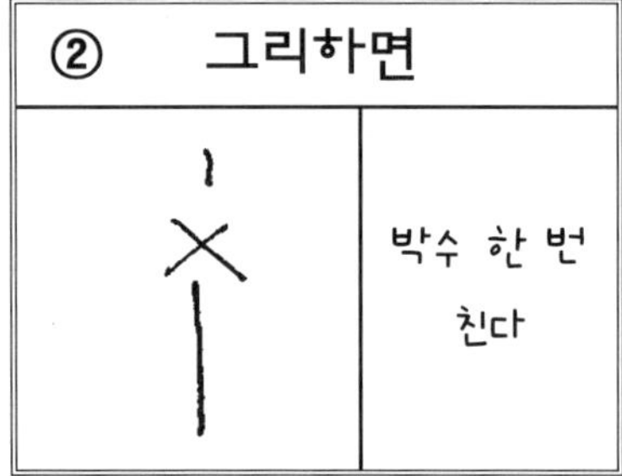

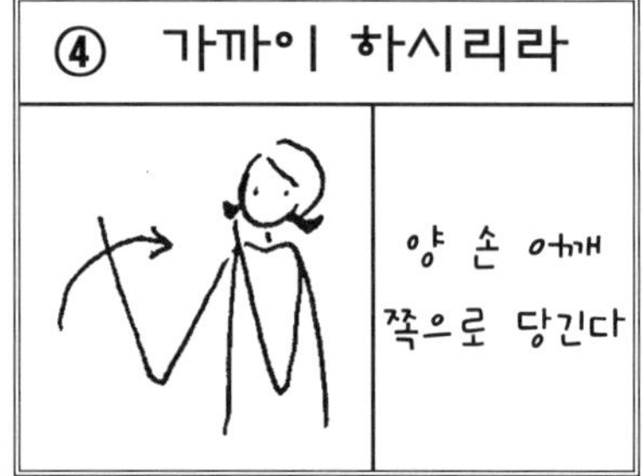

■ 동작을 알아볼까요^^

✧ 4번 (영3번) : 여기서 가까이 하다는 어떤 거리상의 치수를 말하는 것은 아니죠. 항상 하나님을 마음에 먼저 생각하며 기쁘시게 하고 그분의 뜻을 좇아가라는 말이죠. 그렇지만 표현은 가깝다는 거리상의 의미로 직접적인 표현을 사용했습니다. 그래서 설명이 필요하겠죠.

Come near to God
and he will come near to you

▥ **들어보세요!**

세상에 유혹하는 것들이 많이 있지만 우리는 하나님을 가까이 해야 한다. 여기서 가까이 한다는 것은 어떤 거리상의 치수를 말하는 것은 아니다. 그만큼 하나님 중심으로 살아가는 삶을 말한다고 본다. 이것은 저절로 되는 것이 아니다. 내가 힘써야 할 부분이다. 먼저 하나님의 말씀을 읽는 것, 이것이 그 기초이다. 그 곳에서 우리는 하나님을 가장 정확히 만날 수 있기 때문이다. 그리고 나의 삶의 기준을 하나님께 맞추는 것이다. 하나님께서 가까이 하신다면 정말 나는 만사 땡이다. 더 이상 손해 볼 것이 없다는 말이다. 여기서 손해란 세상적으로 잘 되는 어떤 것만을 말하는 것은 아니다. 그런데 혹시 하나님께서 자기에게 가까이 오기만을 바라고 있지는 않는지....

그가 우리에게 약속하신 약속이 이것이니
곧 영원한 생명이니라

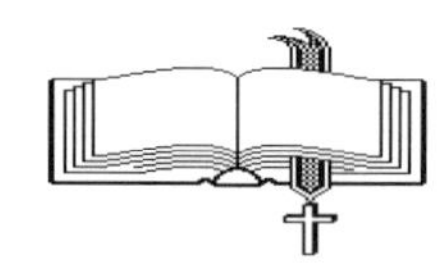

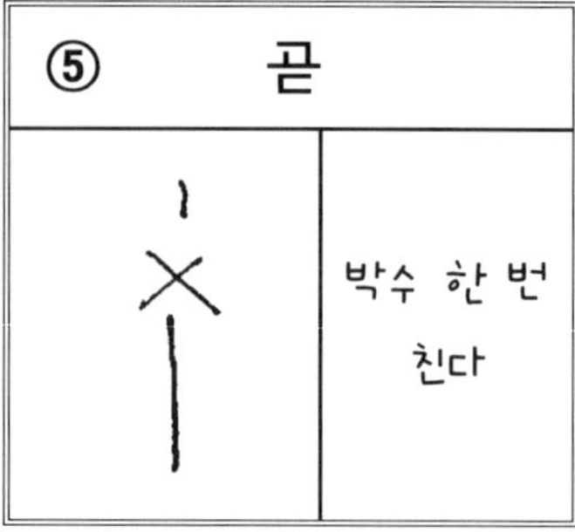

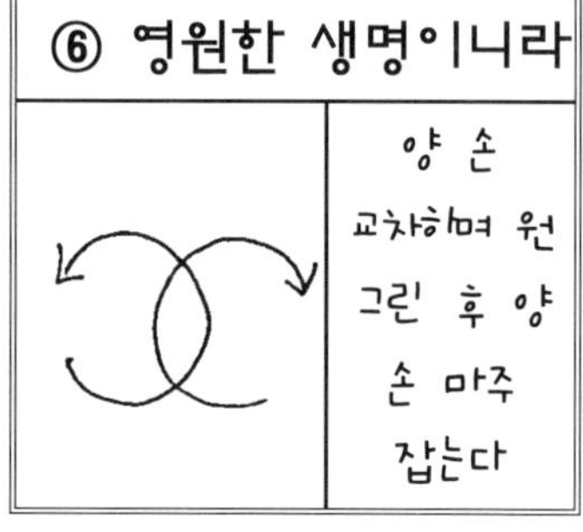

■ **동작을 알아볼까요^^**

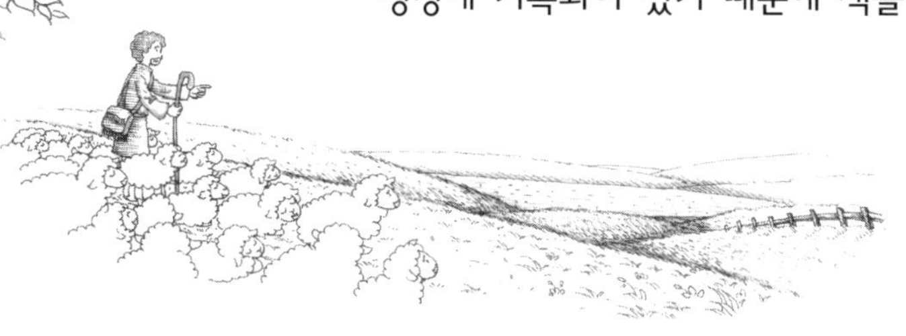

✧ 4번 (영1번) : 이것은 우리에게 약속하신 것을 말하는 것으로 곧 성경에 기록되어 있기 때문에 책을 펴는 동작으로 했습니다.

This is what he promised us even eternal life

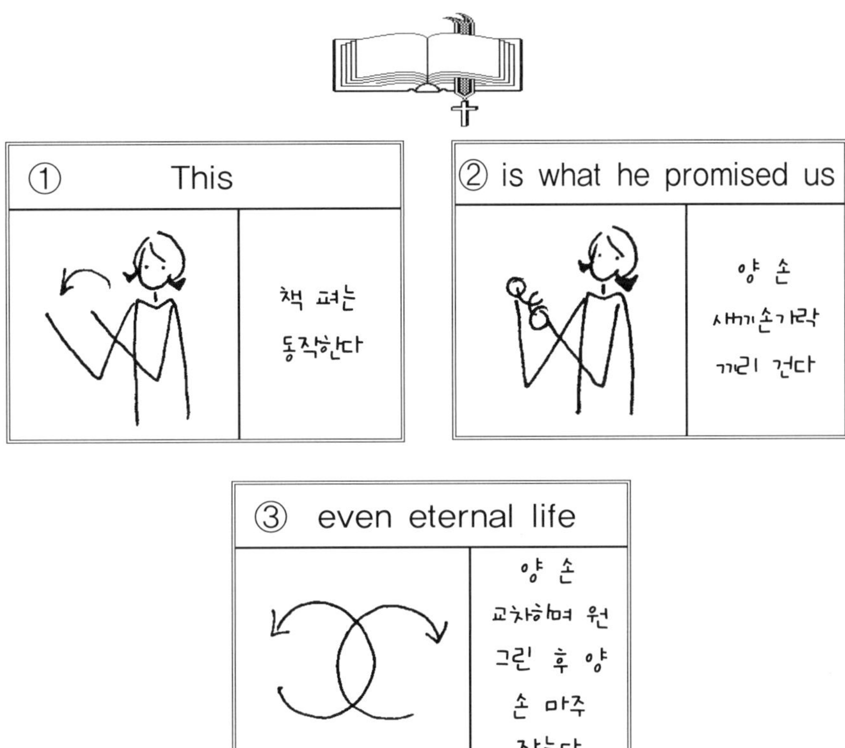

▨ **들어보세요!**

예수님을 믿지 않는 자들도 영원히 존재한다. 그러나 그들을 영생한다고 말하지는 않는다. 하나님과의 관계가 회복된 것, 이것 자체가 바로 영생이다. 그렇기 때문에 우리 크리스천들은 이미 영생이 시작된 것이다. 이것이 하나님께서 주신 약속이다. 하나님께서 주신 약속은 확실하다. 영생! 지금은 우리가 이 세상에 살고 있어서 그 가치를 뼈저리게 느끼지 못하지만 우리의 생명이 다 하는 날 그것은 이 세상 그 무엇과도 비교할 수 없는 것으로 뼈저리게 느낄 수 있을 것이다.
근데 더 행복한 것은 그것을 빨리 뼈저리게 느낄 수 있는 자가 행복한 자이다.

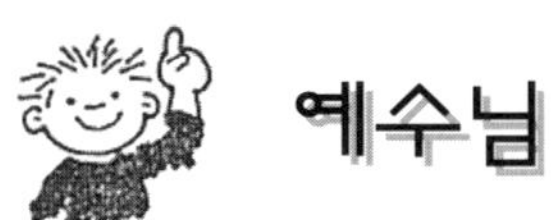

예수님

성경대로 그리스도께서 우리 죄를 위하여 죽으시고
장사 지낸 바 되었다가 성경대로 사흘 만에 다시 살아 나사

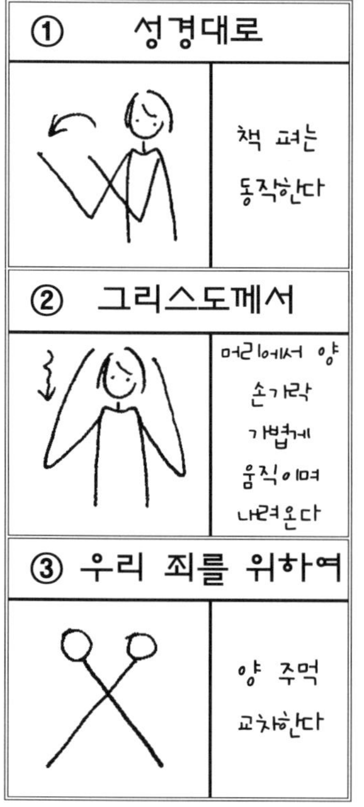

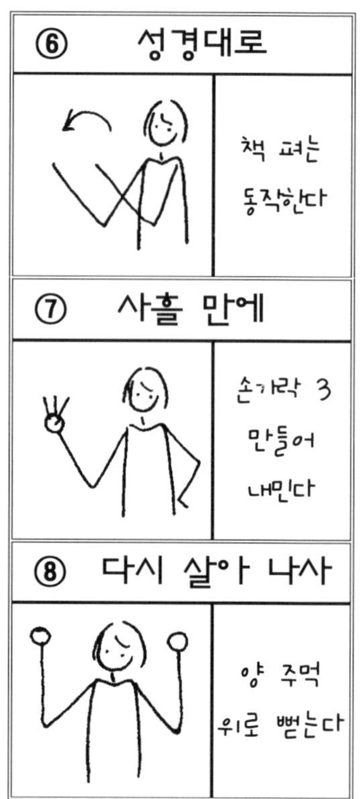

▓ 동작을 알아볼까요^^

◇ 2번 (영1번) : 그리스도는 기름 부음 받은 자라는 뜻이죠. 기름이 머리에서 흐르는 표현입니다. 영어 1번은 죽으셨다는 것에 초점을 맞추어 동작을 표현한 것입니다.

◇ 5번 (영4번) : 무덤에 갇힌 표현입니다.

Christ died for our sins according to the Scripture
he was buried
he was raised

on the third
according to
the Scripture

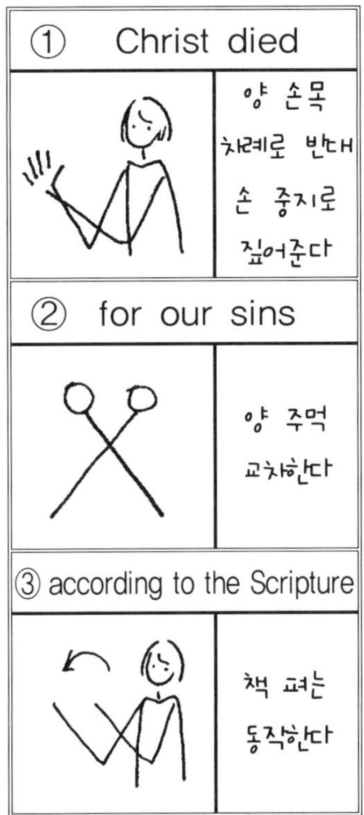

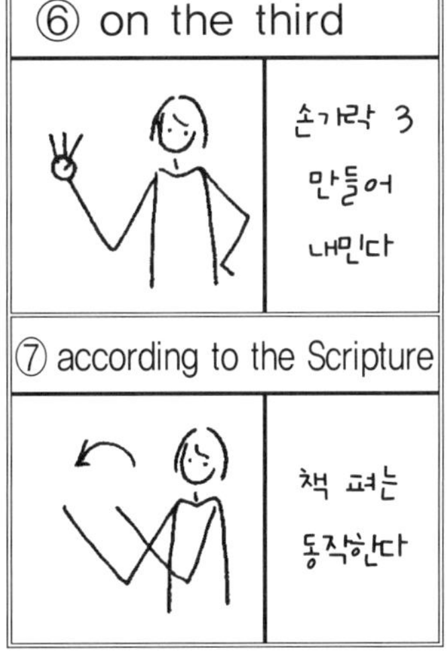

▦ **들어보세요!**

예수님의 생애는 according to the Scripture라고 할 수 있다. 왜냐하면 예수님의 삶은 하나님의 언약을 성취하시는 삶이었기 때문이다. 철저한 순종의 삶이다. 그러나 오직 한 가지 예수님께서 갈등하신 것이 있다. 바로 십자가를 지는 것이다. 곧 "패션 오브 크라이스트"라는 영화가 나온다는데 예수님의 죽으시기 전 12시간의 모습을 영화로 담은 것이라 한다. 그 장면들이 너무도 신랄해서 비판을 받고 있기도 하다던데 정말 예수님의 고난을 강조하기 위해서인지 아니면 흥행을 위해서인지 아니면 둘 다를 목표로 삼아 한 것인지는 모르겠다. 암튼 십자가가 어떤 형벌인지 우리 상황에는 별로 실감이 나지 않겠지만 그 당시 상황의 이야기를 책을 통해서 보면 얼마나 고통스러운 형벌인지 알 수 있다. 예수님의 간구는 정말 십자가를 지기 싫어서 하시는 간구가 아니다. 예수님은 자신이 그 일 때문에 왔다는 것을 누구보다도 잘 알고 계신다. 그것은 완전한 인간의 몸으로 오신 예수님의 모습을 잘 보여주고 있다. 인간으로서의 처절한 심정을 표현한 것이다. 우리는 예수님이시니까 당연히 십자가를 지시는 일도 잘 해내셨다고 생각하면 안 된다. 그 심정은 우리와 똑같으셨다. 그러기에 우리를 너무도 잘 아신다고 하신 것이다. 예수님 자신이 모든 것을 겪으셨기 때문에....

아담 안에서
모든 사람이
죽은 것 같이
그리스도 안에서
모든 사람이
삶을 얻으리라

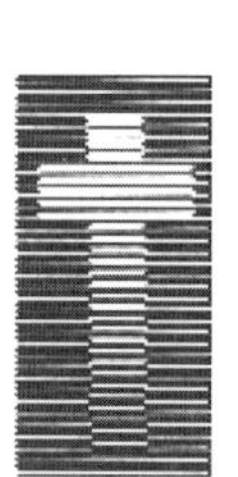

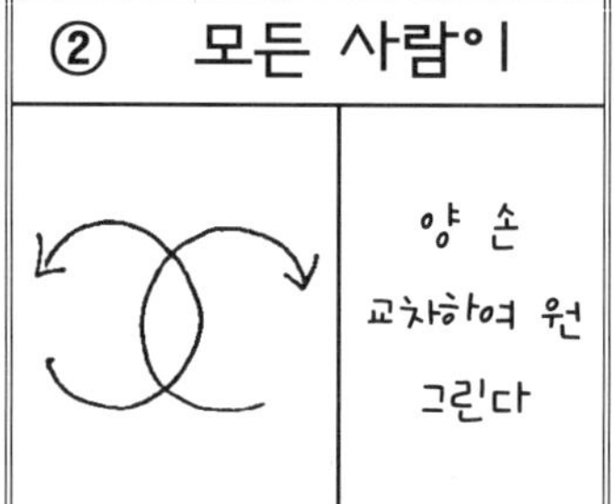

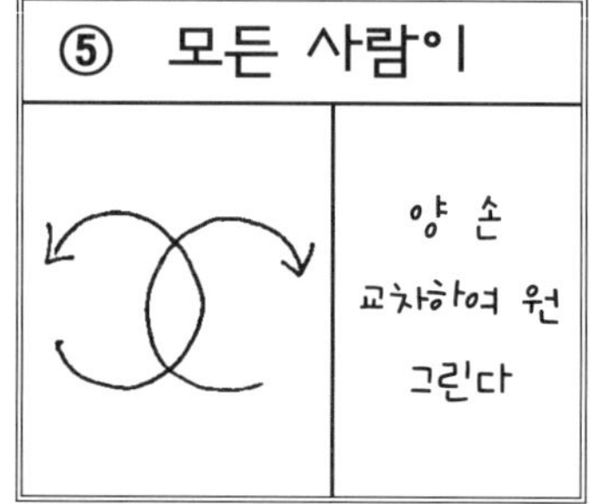

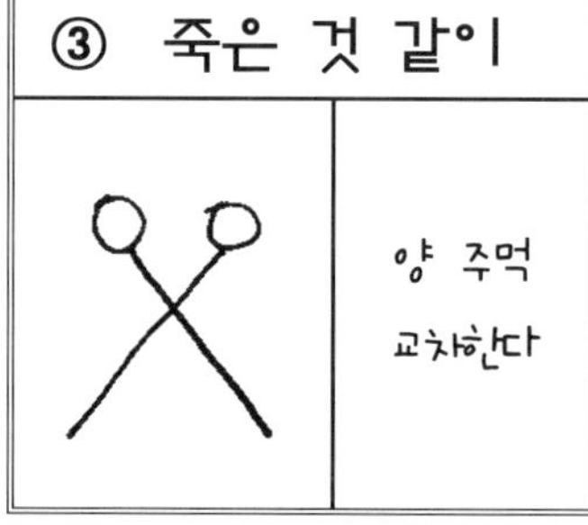

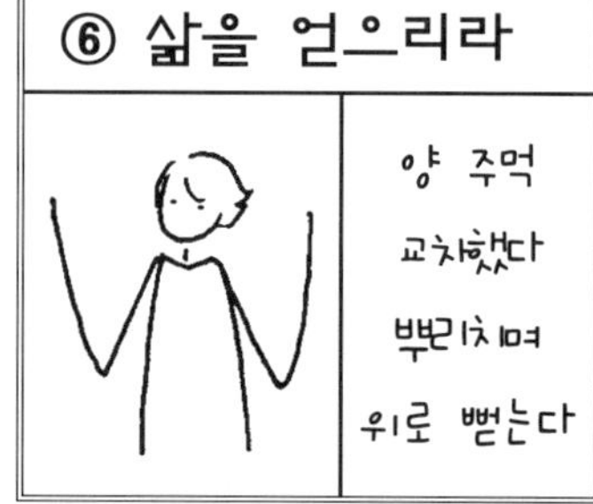

▦ 동작을 알아볼까요^^

◇ 1번 (영1번) : 아담은 맨 처음 사람이기 때문에 첫 번째를 나타내는 한 손가락을 폅니다.

◇ 3번 (영2번) : 여기서 죽음은 육신의 생명을 잃는 것이 아니고 죄로 인해 하나님과의 관계가 단절되고 영원한 형벌 가운데 거하는 것입니다. 따라서 죄를 표시하는 동작으로 하였고요.

◇ 6번 (영4번) : 3번과는 완전히 대조적인 것이기 때문에 반대 동작으로 하면 되겠죠.

For as in Adam all die
so in Christ all will be made alive

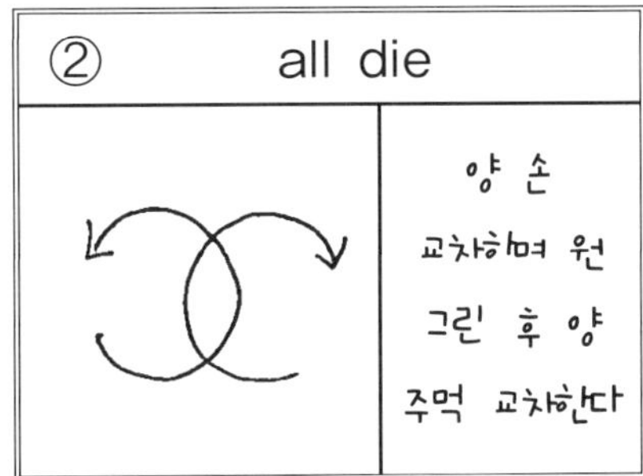

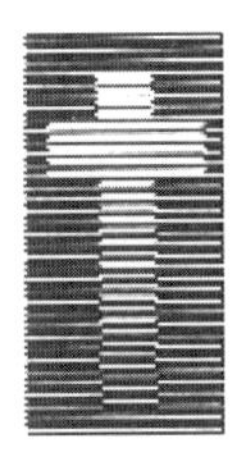

■ 들어보세요!

성경에서 말하는 죽음과 삶은 그 의미가 세상적인 의미와는 완전히 다르다. 그것은 육신의 상태에 따라 구분되는 것이 아니고 하나님과의 관계성의 문제이다. 하나님과의 관계가 끊어진 것을 죽음, 관계가 회복이 되었을 때 생명이 있다고 말한다. 예수님을 구세주로 영접할 때 이미 그 사람은 영생에 들어간 것이다. 영생은 죽어서 누리는 것이 아니고 예수님을 영접할 때 시작이 되는 것이다. 따라서 육신의 죽음은 하나의 영생에 있어서 통과해야 할 과정인 것이다. 이 말씀은 로마서 5장에도 나와 있는 말씀인데 아담은 예수님의 pattern 모형, 견본이라고 했다. 한 사람으로 말미암아 모든 사람에게 죽음이 온 것처럼 한 사람으로 인해 많은 사람이 생명을 얻게 될 것이라는 것의 표본의 역할을 한다는 말이다. 그러나 아담의 것은 형벌이고 예수님의 것은 은사 즉 하나님의 선물이다.

우리 주 예수그리스도로 말미암아
우리에게 이김을 주시는 하나님께 감사하노니

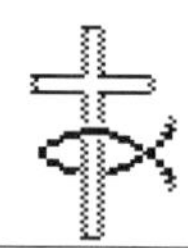

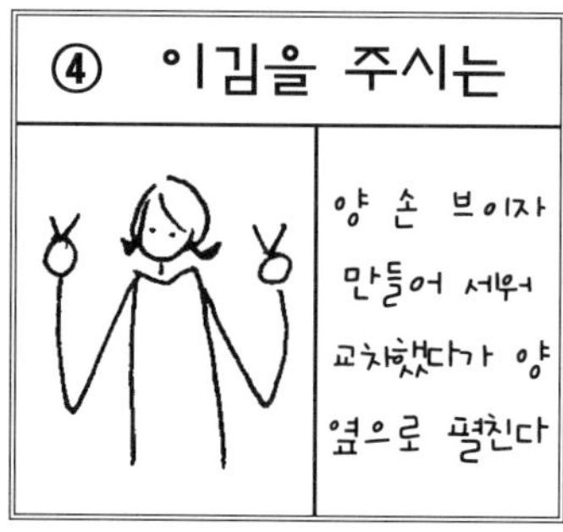

▦ 동작을 알아볼까요^^

◇ 별로 이해가 안가는 동작이 없는 것 같네요.

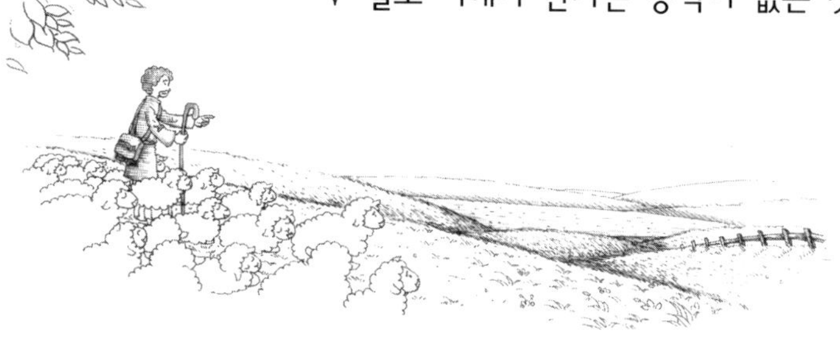

He gives us the victory through our Lord Jesus Christ

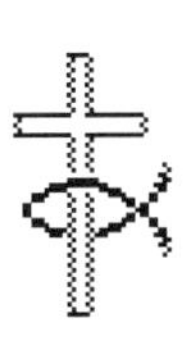

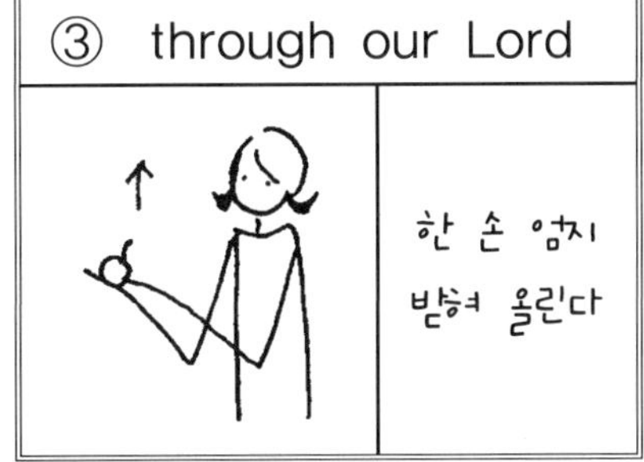

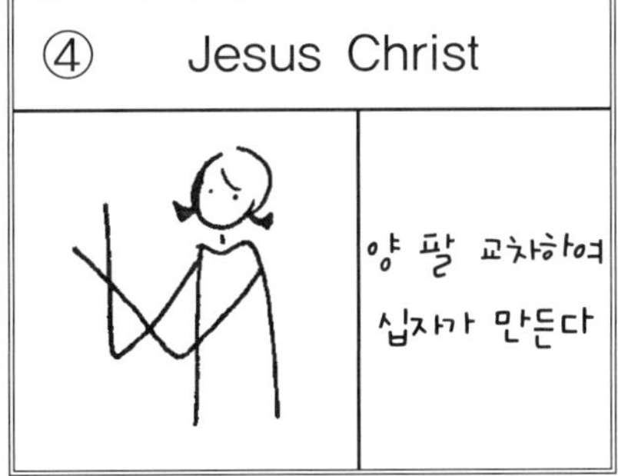

■ 전하는 이야기!

우리의 승리는 우리로 인한 것이 아니고 하나님께서 우리에게 주신 것이다. 예수님을 통해서. 여기서 승리는 당연히 사탄에 대한 승리이다. 사탄은 만만치 않은 존재이다. 그는 권세와 능력이 있는 자다. 물론 그것도 하나님으로부터 부여 받았지만. 하나님께서는 얼마든지 사탄을 그냥 멸하실 수도 있으신 분이다. 그러나 하나님의 성품상 그리 하실 수 없다. 하나님은 공의롭게 그 일을 처리하신 것이다. 예수님을 통해서 합법적으로 말이다. 하나님의 법은 참 신기하다. 난 아무것도 한 일이 없는데도 생명을 얻게 되고 예수님께서 승리하셨는데 그것이 우리의 승리가 되는 것이다. 이것이 바로 은혜이다. 값없이 주는 하나님의 너무나 좋은 은혜. 그러니 우리가 자랑할 것이 무엇이 있겠는가! 자랑할 것이라고는 한 군데도 없다. 성경이 우리에게 말하는 요지는 그거 같다. 하나님의 은혜가 은혜인 줄 알라는 것.

그런즉 누구든지 그리스도 안에 있으면 새로운 피조물이라

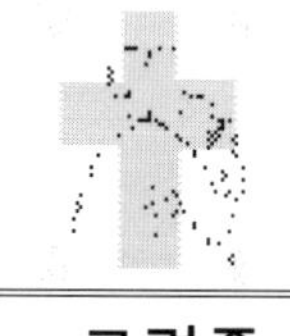

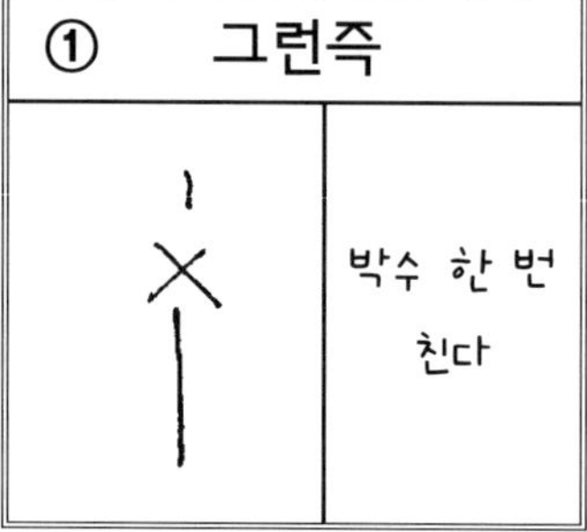

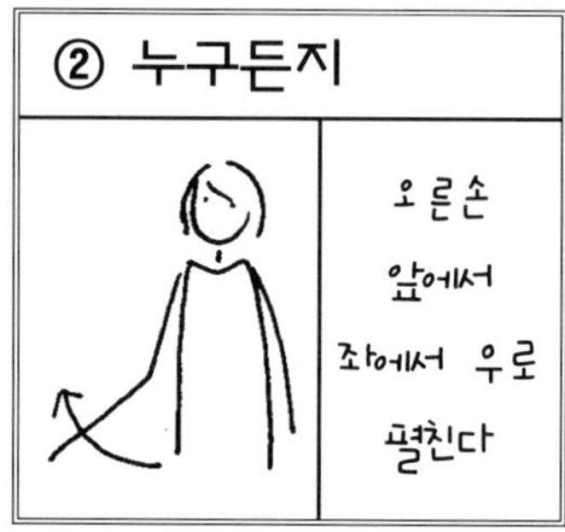

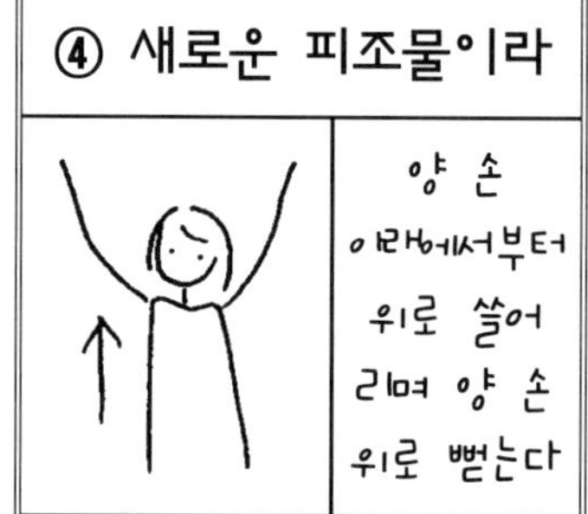

▦ **동작을 알아볼까요^^**

✧ 4번 (영4번) : 새로운 피조물이란 예수님을 통해서 죄용서함 받아 하나님의 자녀가 된 자들과 같은 말입니다. 그래서 하나님의 것이라는 의미의 동작입니다.

Therefore if anyone is in Christ he is a new creation

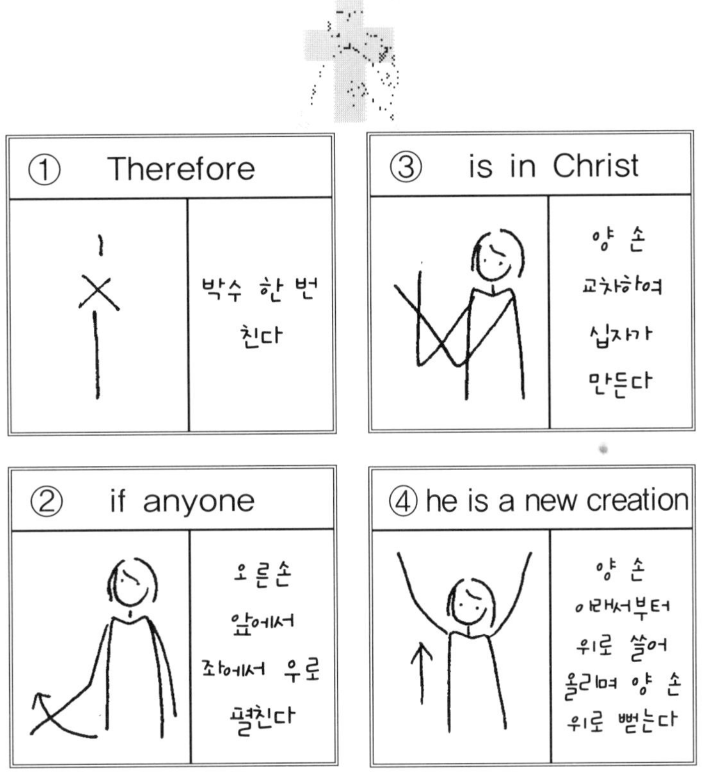

▦ **들어보세요!**

'새로운 피조물' 놀라운 말이다. 하나님께서는 태초에 6일 동안 완벽한 창조를 마치셨는데 또 새로운 창조물이라니 생각할 수도 있다. '새로운'이란 말은 전에 있던 것을 고쳤다는 말이 아닌 전에는 없었던 것을 말한다. 죄의 결과로 영원한 지옥형벌에 거할 피조물을 하나님의 자녀라는 완전히 다른 신분으로 우리를 만드신 것이다. 예수 그리스도를 통해서. 이것의 가치를 귀하게 아는 자만이 세상이 알지 못하는 기쁨을 맛보며 살아갈 수가 있다.

예수 그리스도는
어제나 오늘이나 영원토록 동일하시니라

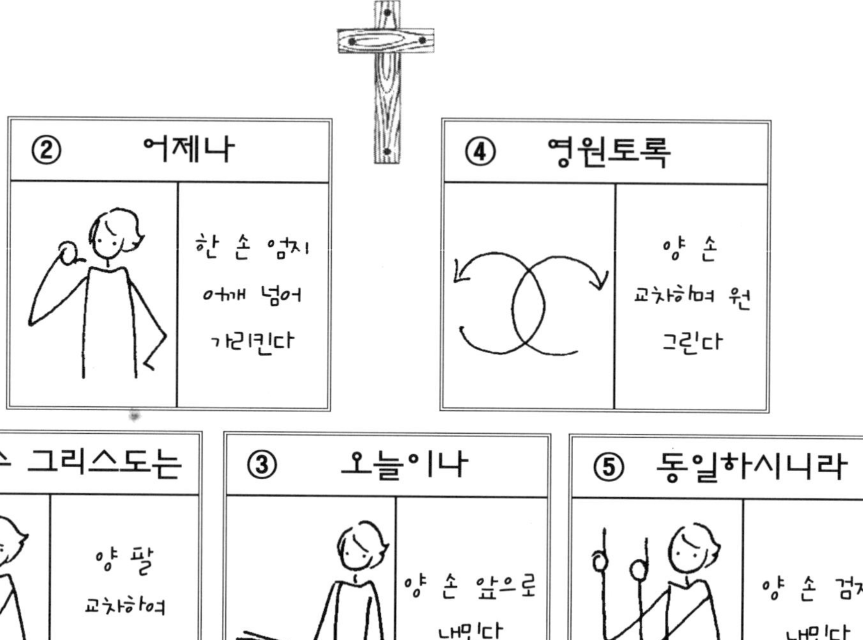

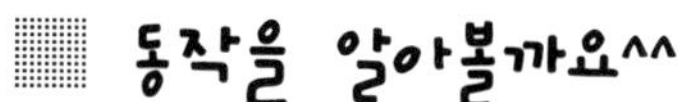

▨ **동작을 알아볼까요^^**

✧ 2번 (영3번) : 지나갔다는 뜻입니다.

✧ 5번 (영2번) : 변함이 없으시기 때문에 곧 믿을 만하시다는 것을 표현 했습니다.

Jesus Christ
is the same yesterday and today and forever

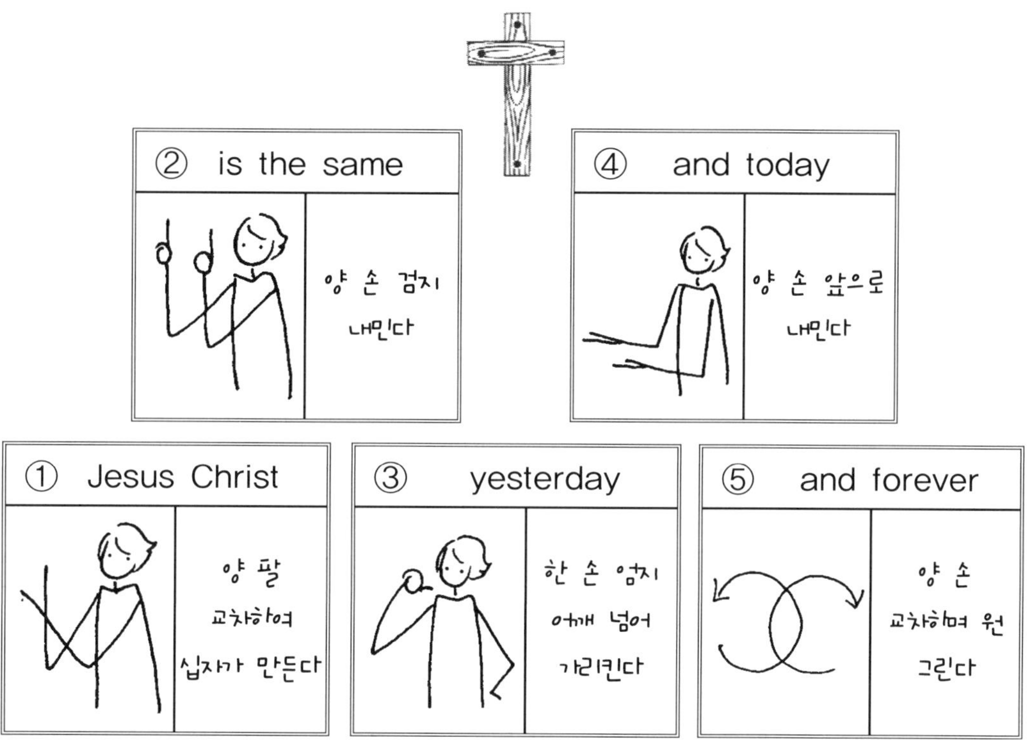

▨ 들어보세요!

나 자신만 보아도 그렇다. 사람은 정말 잘 변한다. 요즘 인기 있는 유행가 가사에도 보니 서로 좋다고 사랑한다고 하는 애인 사이도 언제 변할지 모르고 남의 애인도 서슴없이 빼앗는 것을 노래하고 있다. 지금의 현실을 어느 정도 말해 주고 있는 것 같다. 그렇다. 사람은 환경에 따라 변하기 쉬운 존재이다. 과연 누가 나는 그렇지 않다고 자신 있게 말할 수 있을까? 자신 있게 말했던 베드로 역시 코를 다치고 말았다. 그러나 예수님은 다르다. 어제도 오늘도 영원히 동일하신 분이다. 동일하다는 말은 변함이 없으시다는 말이다. 우리가 예수님을 멀리 떠났을 때에도 죄 가운데 있을 때에도 여전히 우리를 사랑하시며 함께하시는 하나님이시다. 단지 예수님을 향한 우리의 마음과 생각이 이리저리 흔들릴 뿐이지 예수님은 동일하시다. 그러기에 우리가 믿고 신뢰할 만한 분이시다. 이런 예수님의 사랑에 푹 빠져 살아가는 우리들은 행복한 사람이다.

구원

나는 여호와로 말미암아 즐거워하며
나의 구원의 하나님으로 말미암아 기뻐하리로다

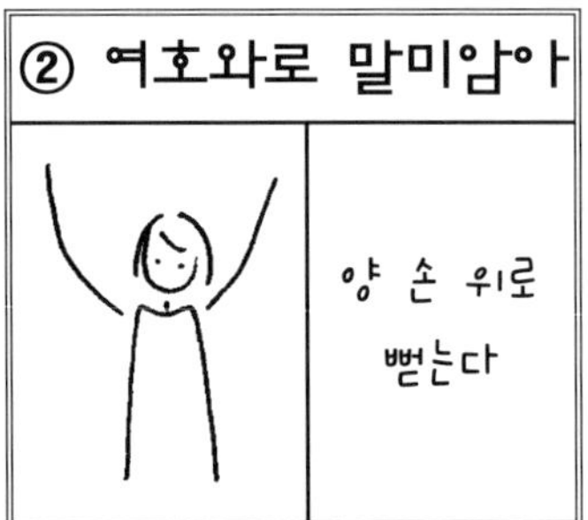

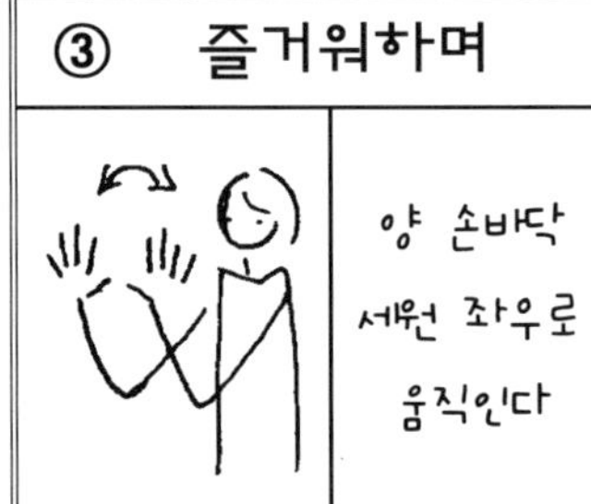

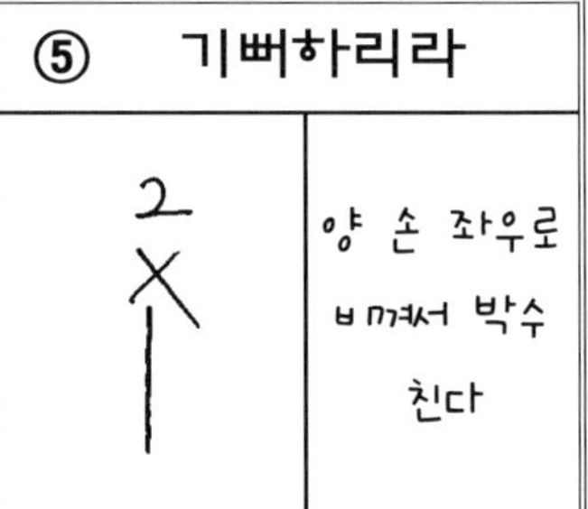

■ 동작을 알아볼까요^^

◇ 다 아시겠죠!

yet I will rejoice in the LORD,
I will be joyful in God my Savior

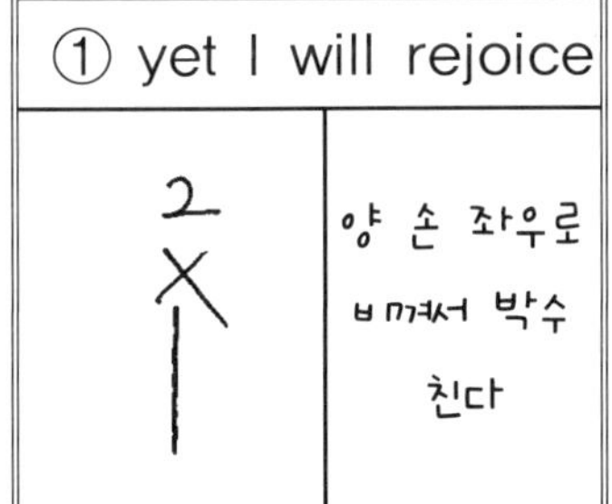

▦ **들어보세요!**

나는 무엇으로 나의 즐거움을 삼을 것인가? 우리가 지구별에 발붙이고 살아가기 때문에 우리를 즐거움으로 유혹하는 것이 많다. 그러나 하나님을 즐거워하는 것 이것이 가장 고상한 즐거움인데 이게 참 힘들다. 그래서 오늘도 기도한다. "하나님 아버지, 하나님으로 만족하며 하나님으로 즐거워하게 하소서."

다른 이로써는 구원을 받을 수 없나니
천하 사람 중에 구원을 받을 만한 다른 이름을
우리에게 주신 일이 없음이라

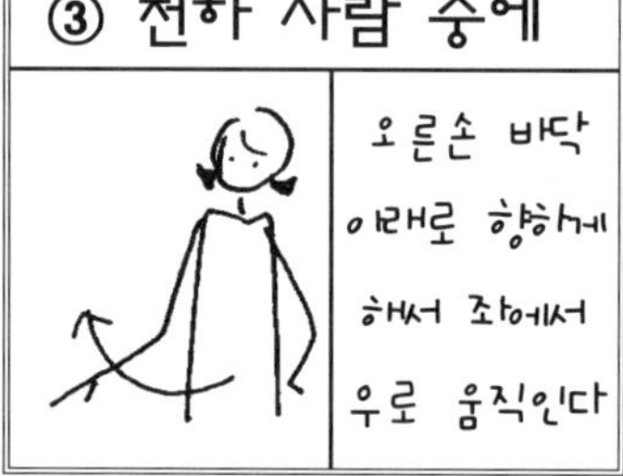

▦ 동작을 알아볼까요^^

◇ 모르시는 동작 없지요!

there is no other name under heaven
given to men by which we must be saved

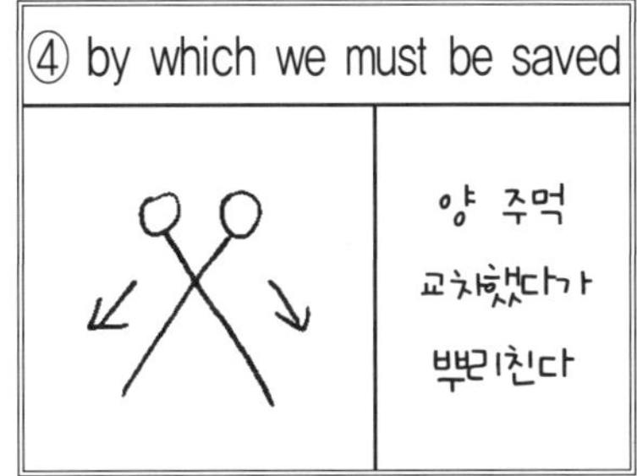

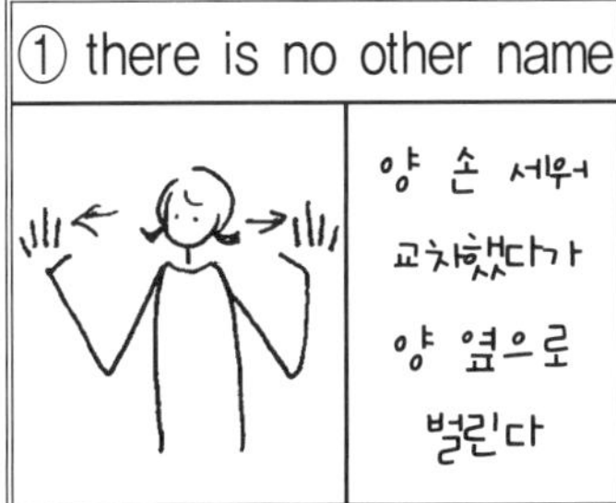

▦ **들어보세요!**

사도행전에 보면 고넬료 같은 사람에게도 하나님은 베드로를 보내신다. 그 이유인즉 구원은 어떠한 선행 아니며 바로 예수님의 이름으로 밖에 이루어 질수 없는 것이기 때문이다. 이 세상에 예수님이 필요치 않은 사람은 없는 것이다. 전주에 가면 정말 맛있는 채식 부패집이 있는데 그 집은 스님이든 수녀이든 목사이든 종교 성직자들은 다 할인을 해준다. 이유는 모르겠지만 모든 종교는 다 같이 구원이 있다고 생각하는 종교 다원주의가 있다. 암튼 밥은 싸게 먹어서 좋지만 구원의 문제만큼은 예수님 말고는 하나님께서 천하에 다른 이름을 준적이 없다는 것이 성경의 원칙이다. 또 한 가지 원칙은 그 어느 누라라도 예수님만 믿으면 구원을 받는다는 것이다. 이것이 하나님께서 태초부터 준비하신 방법이다. 한 송이 꽃을 피우기 위해 소쩍새는 밤부터 그렇게 울었나 보다고 하는 말처럼 이 일을 위해서 하나님 나라의 역사는 그렇게 파란 만장한 것이었다.

주 예수를 믿으라
그리하면 너와 네 집이 구원을 받으리라

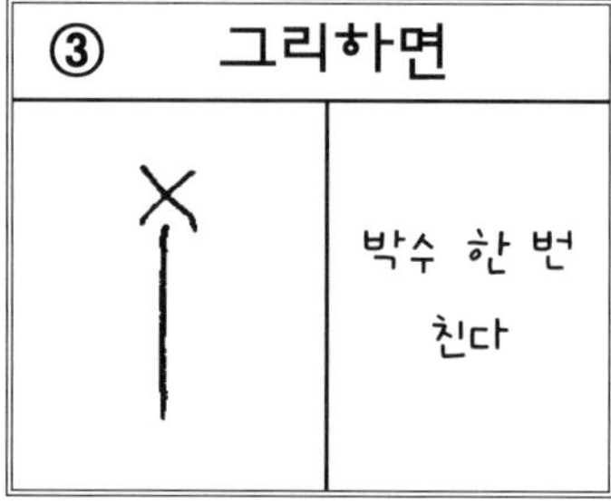

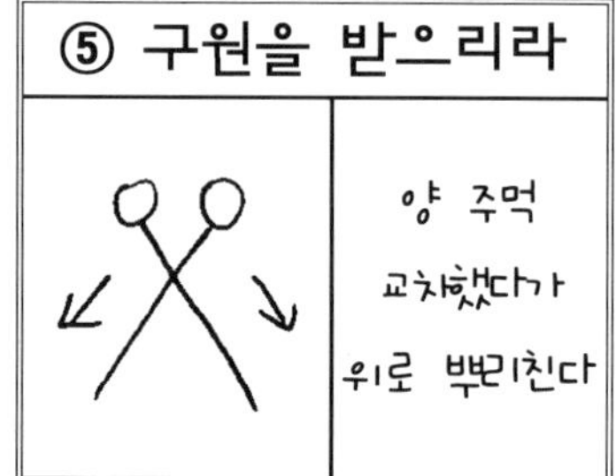

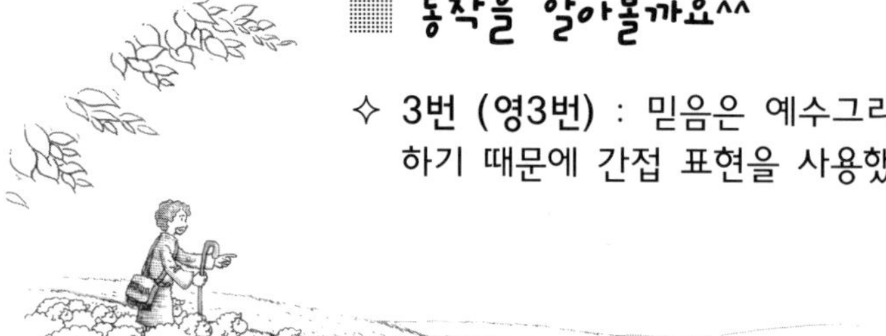

■ 동작을 알아볼까요^^

◇ 3번 (영3번) : 믿음은 예수그리스도를 믿는 믿음이라는 것이 중요하기 때문에 간접 표현을 사용했습니다.

Believe in the Lord Jesus,
and you will be saved you and your household

▨ **들어보세요!**

바울과 실라가 복음을 전하다가 매를 많이 맞고 어두컴컴한 감옥에 갇히게 되었을 때 하나님의 도우심으로 풀려나게 되었다. 그러나 그들은 도망하지 않았다. 하지만 간수가 죄수들이 도망한 줄로 알고 자결하려 하자 바울이 "우리가 여기 있으니 죽지 말라"고 하였다. 이걸 본 간수는 놀라서 어떻게 해야 구원을 받겠느냐고 바울에게 질문한다. 그러자 바울이 이렇게 대답을 한 것이다. "주 예수를 믿으라. 그리하면 너와 네 집이 구원을 받으리라." 정말 그 말대로 바로 그 날 저녁 깊은 밤에 간수가 그 집안 식구들을 함께 모아 복음을 듣고 그와 온 집안이 예수님을 믿게 되었다. 하나님은 그분의 택한 백성들을 이 방법으로 구원하신다. 이 말씀을 통해서 예수님만 믿으면 구원을 받는다는 것을 확실히 하자.

사랑

사랑은 오래 참고 사랑은 온유하며
투기하는 자가 되지 아니하며 사랑은 자랑하지 아니하며
교만하지 아니하며

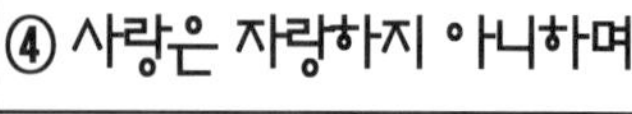

■■ 동작을 알아볼까요^^

✧ **1번 (영2번)** : 참는다는 것은 속에 있는 분노를 나타내지 않는 것입니다. 나오지 못하도록 누르는 거죠

✧ **2번 (영4번)** : 친절한 것의 대표적인 동작이 인사인 것 같습니다. (이것은 부드럽고 온화한 친절이거든요. 그래서 옆 사람의 볼을 비벼 주는 것. 이런 동작도 괜찮을 것 같네요.) 그런데 온유란 말이 실제적으로는 많이 오해 되고 있는 말 중에 하나인데 어떤 나약함이나 부드러움을 생각하기 쉬운데 원어적인 뜻을 보면 제어 되고 있는 힘이란 뜻입니다. 어떤 불이익이나 분노 앞에서도 자신을 통제할 수 있는 힘 이것이 온유란 것이죠. 이건 번역상의 문제이긴 한데 그런 자들은 항상 친절할 수 있겠죠? 이렇게 생각하면 이 동작도 연결이 될 수 있을 것 같습니다.

Love is patient ,love is kinds.
It dose not envy it dose not boast, it is not proud

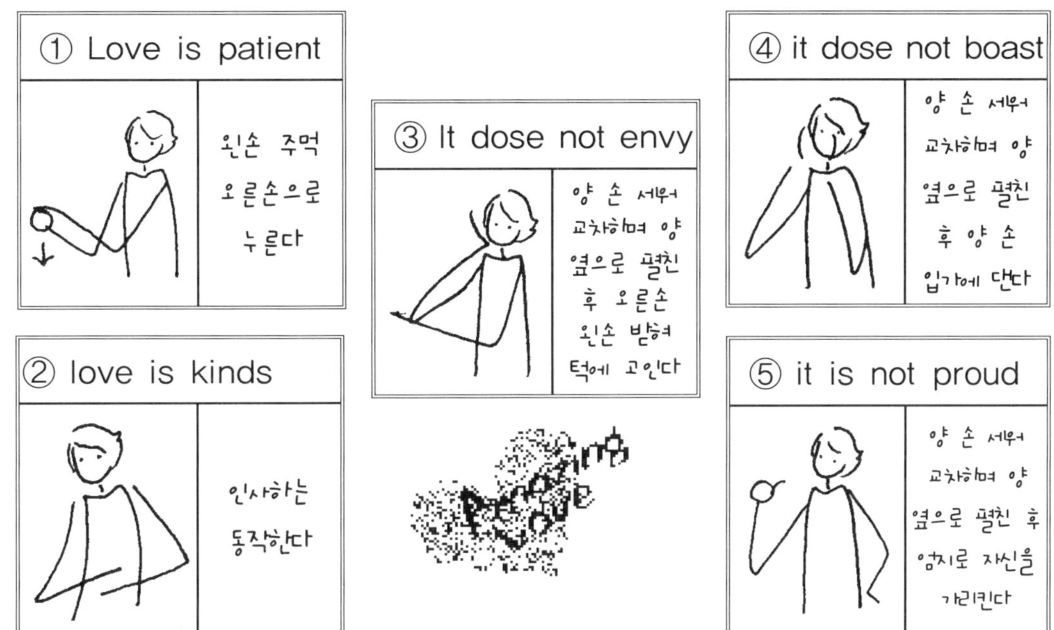

▨ **들어보세요!**

언젠가 사랑이 뭔지 고민해 본 적이 있다. 사랑! 이 말은 일반적으로 낭만적인 단어로 생각하기 쉽고 어떻게 보면 참 추상적이기도 하지만 하나님의 말씀을 보면 답은 간단하다. 오래 참는 것이다. 그러면 무엇에 대한 오래 참음인가? 하나님께서 우리 인간의 죄에 대해서 즉시 처벌하시지 않으시고 회개하기를 기다리시며 봐 주시는 것처럼 다른 사람의 나에 대한 잘못에 대한 분노를 참는 것이다. 또한 부당한 고통당함을 견뎌내는 것이다. 하나님의 약속을 신뢰하는 가운데 말이다. 바로 이것이 사랑이었다. 또 친절한 것, 시샘하지 않는 것. 자랑하지 않고, 잘난 체하지 않는 것. 정말 구체적이다. 그런데 죄된 옛 사람의 모습이 남아 있는 우리가 하기는 힘든 일이다. 하지만 다행이다. 이것은 우리 힘으로 하는 것이 아니다. 바로 하나님의 은사- 선물이다. 그러니 하나님께서 주셔야 할 수 있는 것이다. 그것이 참 사랑이다. 그러면 우리가 해야 할 일은 무엇인가? 그것을 사모하는 일이다. 이것은 더욱 큰 은사이다. 그런데 이 사랑이 더욱 큰 은사인지도 잘 모르고 오히려 병을 고친다든지 방언을 한다든지 하면 더욱 신~령한 사람으로 보는 경향이 있는데 그렇지 않다.

무례히 행치 아니하며 자기의 유익을 구치 아니하며

성내지 아니하며 악한 것을 생각지 아니하며

불의를 기뻐하지 아니하며

① 무례히 행치 아니하며

옆 사람 꼬집은 후 양 손 세워 교차하며 양 옆으로 펼친다

② 자기의 유익을 구치 아니하며

양 손 자신을 가리킨 후 양 손 세워 교차하며 양 옆으로 펼친다

③ 성내지 아니하며

양 검지 세워 머리에서 위 아래로 움직인 후 양 손 교차하며 양 옆으로 펼친다

④ 악한 것을

양 손 세워 교차하여 엑스자 만든다

⑤ 생각지 아니하며

검지 이마에 댄 후 양 손 세워 교차하며 양 옆으로 펼친다

⑥ 불의를

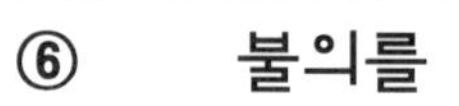

양 주먹 교차한다

⑦ 기뻐하지 아니하며

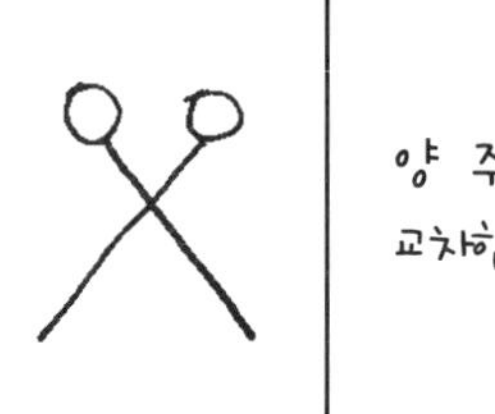

박수 두 번 친 후 양 손 세워 교차하며 양 옆으로 펼친다

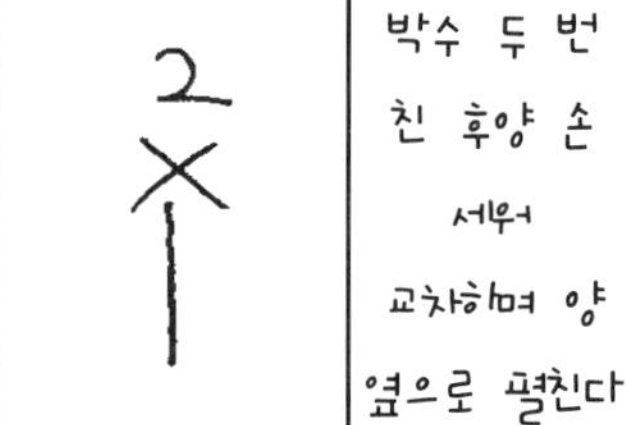

▦ 동작을 알아볼까요^^

◇ 1번 : 예의 없는 행동을 어떻게 재미있게 표현할까 하다가 이렇게 하였습니다.

◇ 6번 (영7번) : 불의란 곧 하나님의 말씀에 어긋나는 것을 말하는 것이죠. 따라서 죄의 상징인 양 주먹을 교차하는 동작으로 만들었어요.

It is not rude, it is not self-seeking,
it is not easily angered, it keeps no record of wrong,
love does not delight in evil

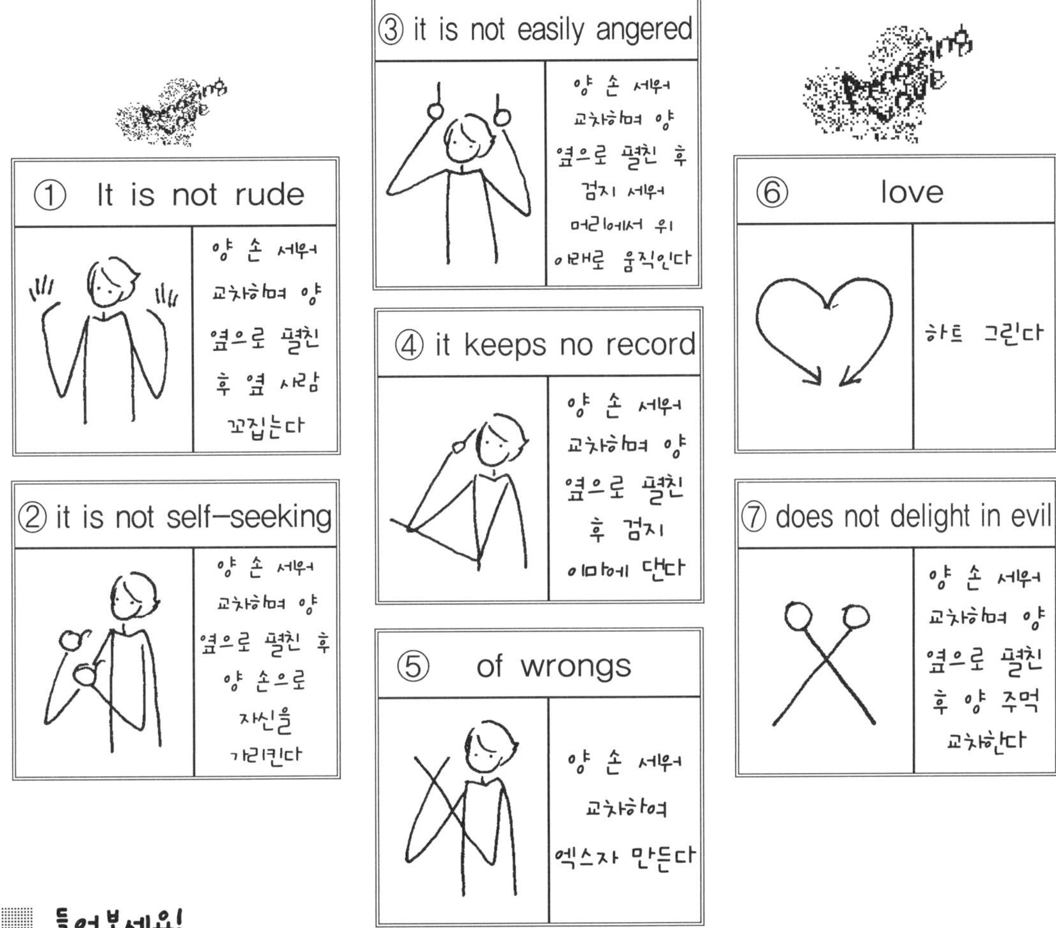

들어보세요!

예의가 없는 것 이것도 사랑이 아니랍니다. 그럼 반대로 예의 있는 것이 사랑이라는 말입니다. 참 이런 것이 사랑이라니 몰랐죠? 사람에게도 그렇지만 하나님께도 마찬가지죠. 쉽게 화 내지 않는 것도 그렇고요. 사랑이란 결국 다른 사람에게 이렇게 행하는 모습들이랍니다. 사랑은 어떻게 보면 너무도 평범하죠. 뭔가 커다란 것을 요구하는 것이 아니잖아요. 지면상 다 표현할 수는 없지만 정말 사랑의 도를 깨우친 자라면 하산해도 될 것입니다. 더 이상의 진수가 없기 때문입니다. 우리 교회가 이러한 모습들을 나타내는 것에 건물 짓는 것만큼 힘을 쓴다면 세상은 놀랍게 변할 것입니다.

진리와 함께 기뻐하고 모든 것을 참으며
모든 것을 믿으며 모든 것을 바라며
모든 것을 견디느니라

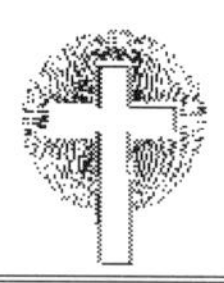

① 진리와 함께	③ 모든 것을 참으며	⑤ 모든 것을 바라며
 책 펴는 동작한다	 양 손 교차하며 원 그린 후 양 손바닥 밖을 향하게 해서 세운다.	양 손 교차하며 원 그린 후 왼손 가슴에 오른손 위로 뻗는다
② 기뻐하고	④ 모든 것을 믿으며	⑥ 모든 것을 견디느니라
 양 손바닥 밖을 향하게 해서 마주 돌린다	 양 손 교차하며 원 그린 후 기도손 한다	 양 손 교차하며 원 그린 후 양 주먹 힘껏 당기며 세운다

▦ 동작을 알아볼까요^^

◇ 3번 (영3번) : 이 단어는 헬라어에 보면 덮어 가리다, 감싸다, 계속 저항하다, 억제하다, 마지막까지 견딘다는 뜻이 있습니다. 이 동작은 가린다는 의미도 있구요. 저항하는 것을 나타내주기도 하죠.

◇ 6번 (영6번) : 이 단어는 참는다는 말과 의미가 비슷한 점도 있는데 확고하게 계속하다는 뜻이 있습니다. 주먹을 쥐는 것은 어떤 강한 의지를 나타내주는 거죠.

but rejoices with the truth. It always protects, always trust, always hopes, always perseveres.

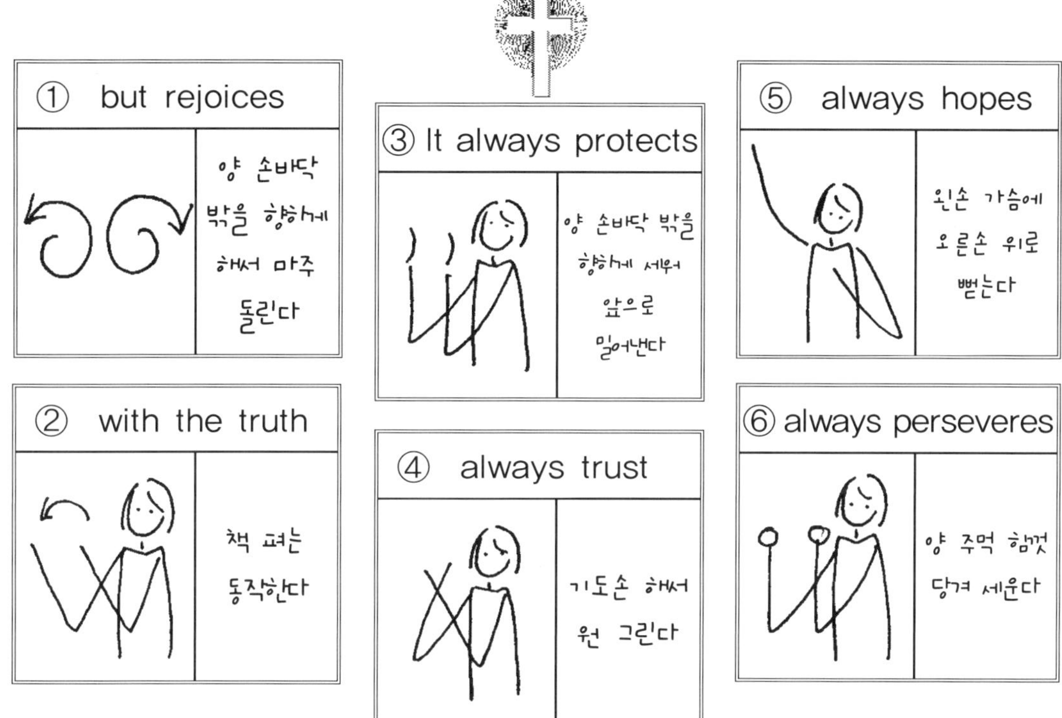

들어보세요!

나의 기억에 이 말씀에 관한 너무도 인상 깊은 이야기가 있다. 어떤 분이 일기를 쓰는데 그분의 일기에는 어떤 일체의 다른 말이 없고 이 사랑의 품목들을 다 써 놓고 그날을 돌아보며 체크를 한다는 것이다. 예를 들어 진리와 기뻐하는 일을 잘했으면 동그라미 그렇지 못하면 엑스. 오래 참는 일을 잘 했으면 동그라미 아니면 세모. 이것이 그분의 일기 내용이다. 사실 그도 그럴 것이 이 체크만 제대로 해도 우리가 살아가는 데 해야 할 일들이 다 들어 있는 것 같다. 참 좋은 방법이다. 그러기 위해서는 그 의미를 확실히 파악해야 하는 일이 먼저 있어야 할 것 같다. 여기서 참는다는 말은 13절에 나오는 말과 비슷한 것 같은데 의미는 다르다. 이것은 헬라어로 보았을 때 덮어준다는 의미이다. 우리가 덮을 것이 뭐가 있을까? 하나님께서 날 용서해 주셨기 때문에 다른 사람의 잘못도 용서해 줘야 한다는 원리이다. 여기서 말하는 바란다는 것은 인간 서로에 대한 기대와 신뢰이다. 견딘다는 것은 크리스천들이 악하고 불의한 세대를 향해서 굳건히 나아가는 것을 말한다. 이것은 지속적으로 견디는 태도이다. 지금의 형편이나 장래에 되어질 전망이 밝지 않아도 지속적으로 참고 기다리는 태도이다. 이것은 하나님께 대한 그 약속을 믿고 소망하는 데서 나오는 것이다.

그런즉 믿음 소망 사랑 이 세 가지는 항상 있을 것인데
그 중에 제일은 사랑이라

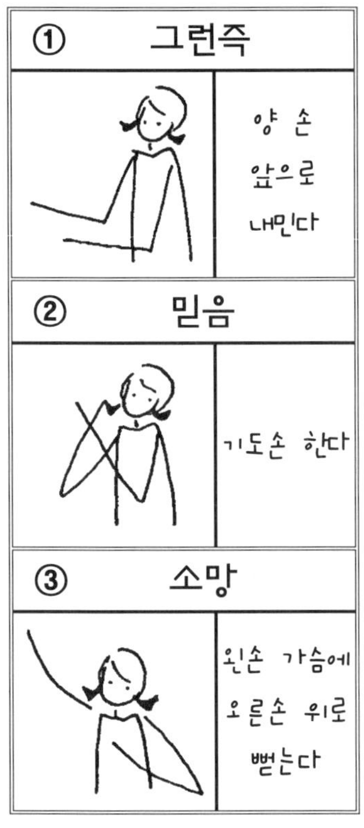

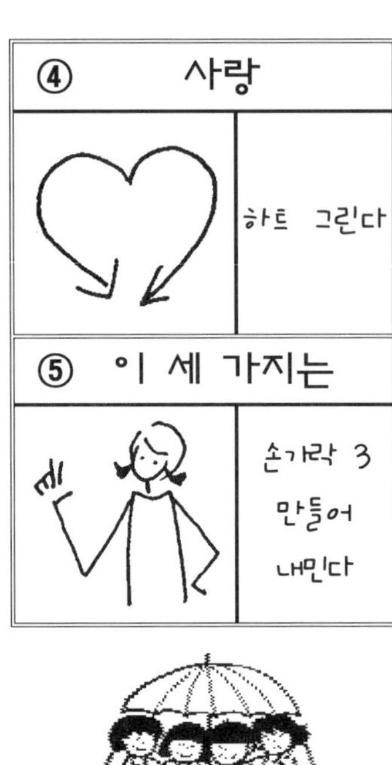

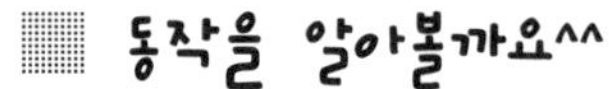

◇ 6번 (영2번) : 원은 끊임 없음을 나타내 주죠.
◇ 8번 : 내가 옆 사람에게 해야 할 것이니까요.

And now these three remain faith hope and love.
But the greatest of these is love

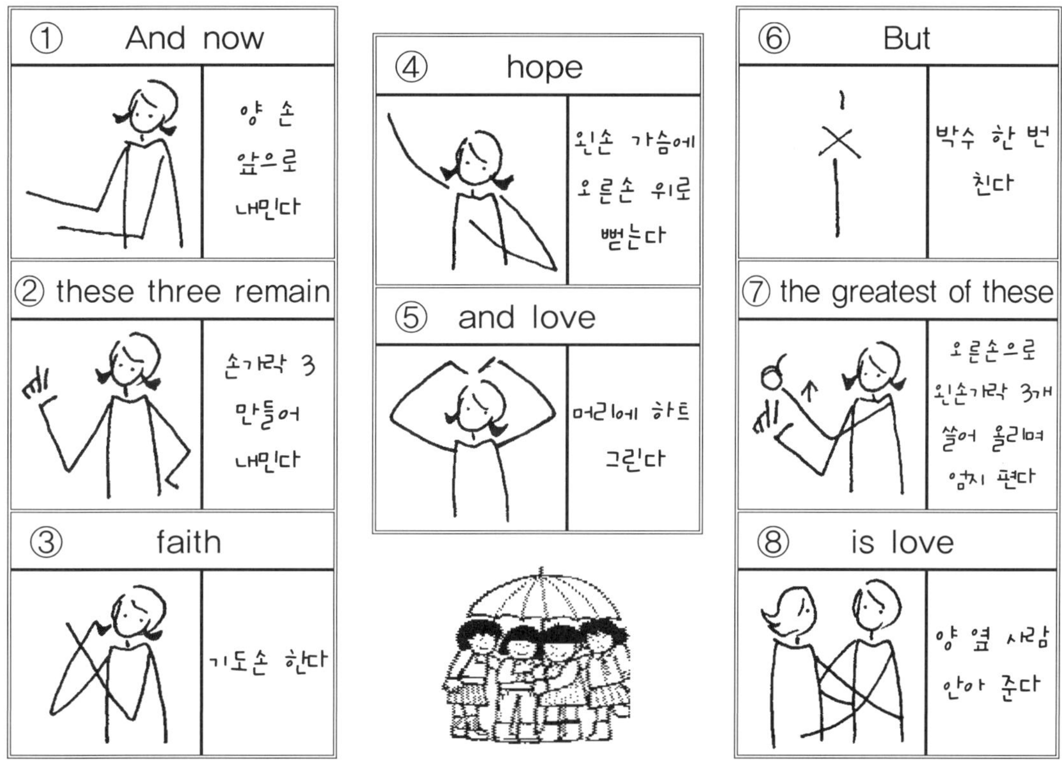

▨ **들어보세요!**

이 구절의 맨 처음은 헬라어에 보면 '그러나 이제'라는 말로 시작한다. 그러나는 앞의 말과 대조되는 접속사로, 예언이나 방언이나 지식은 폐해지지만 믿음이나 소망 사랑은 항상 있다는 말이다. 여기서 믿음은 구원받는 믿음이 아니고 하나님과 우리 사이의 신뢰를 말하는 것이다. 소망도 역시 우리의 생각이나 바램의 투영이 아니고 하나님께서 행하시는 것들에 대한 확신에 찬 기대와 신뢰이다. 그런데 더 큰 것은 사랑이라는 말이다. 왜 사랑이 제일 위대하다고 했을까? 사랑은 모든 믿음과 소망을 유지하는 데 있어서 기본적인 역할을 해 준다. 사랑은 크리스천들이 이 세상 속에서 사람들과의 관계 속에서 진행되는 것들이다. 우리는 하나님과 이웃 사람들, 나 이 삼각형의 관계를 떠나서는 살 수 없다. 따라서 결국 하나님을 사랑하는 것은 이웃을 사랑하는 것으로 표현이 되기도 한다. 하나님께 대한 믿음과 소망이 있는 자라면 앞서 말한 사랑의 모습들이 이루어져야 한다는 것이다. 그렇지 않다면 그것들은 우리에게 아무런 유익이 없기 때문이다.

자녀들아 우리가
말과 혀로만
사랑하지 말고

행함과
진실함으로 하자

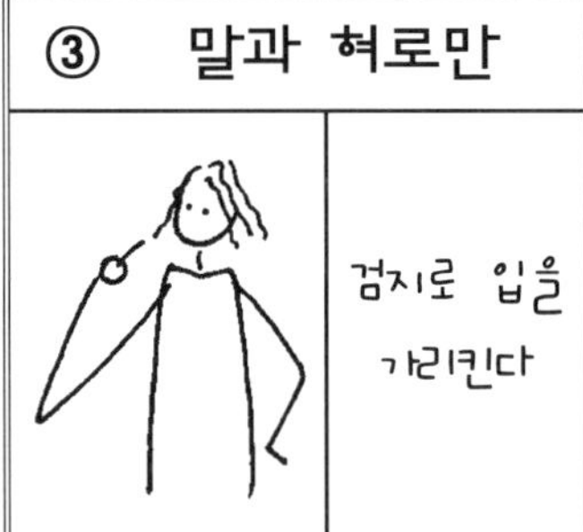

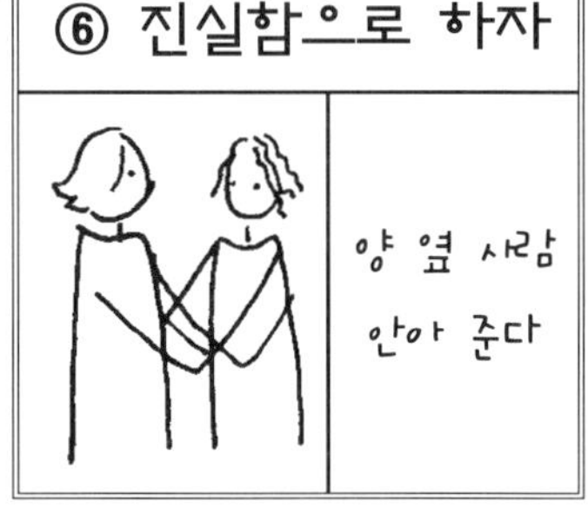

::::: **동작을 알아볼까요^^**

❖ 7번 (영5번) : 여기서 진실함은 헬라어에 보면 실제적으로란 말입니다. 말과 혀가 같은 표현의 반복이듯이 행함과 실제적이란 말도 같은 표현입니다.

Dear children let us not love
with words or tongue but with actions and in truth

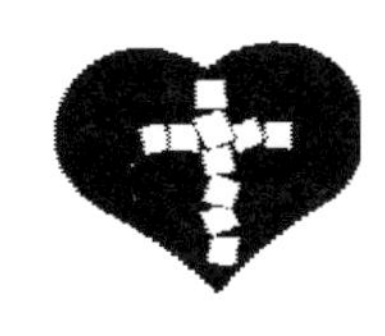

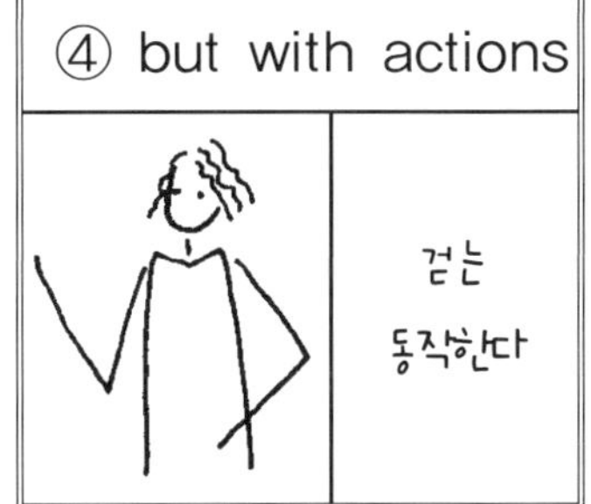

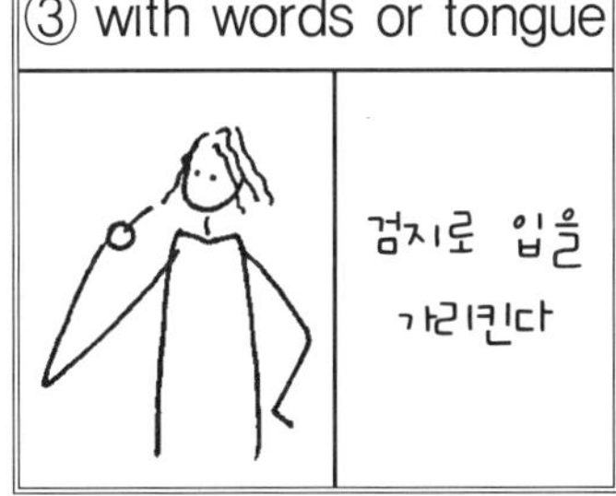

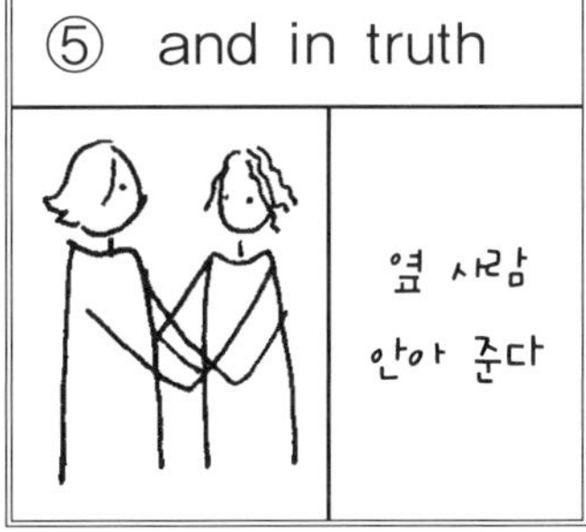

▨ **들어보세요!**

예수님께서는 이 말씀을 우리에게 몸소 보여주셨는데 우리는 이것으로 예수님께서 우리를 얼마나 사랑하셨는지 그 사랑을 확인 할 수 있다. 그래서 우리도 예수님을 사랑하고 예수님을 위해서 목숨을 버리는 것이 마땅하다고 성경은 말하고 있다. 그러나 우리는 행동보다는 말이 앞선다. 하나님께선 우리에게 그의 기뻐하시는 뜻을 행하기를 원하신다. 하나님께나 우리 서로에게도.

우리가 사랑함은 그가 먼저 우리를 사랑하셨음이라

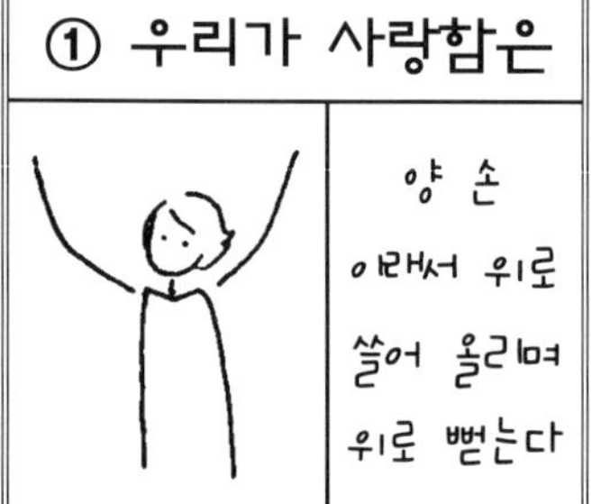

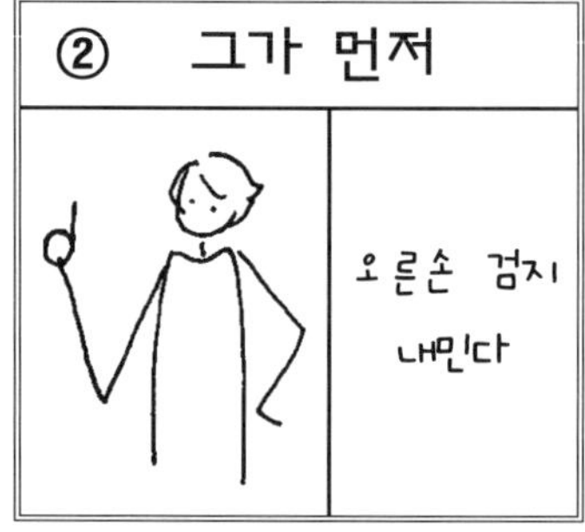

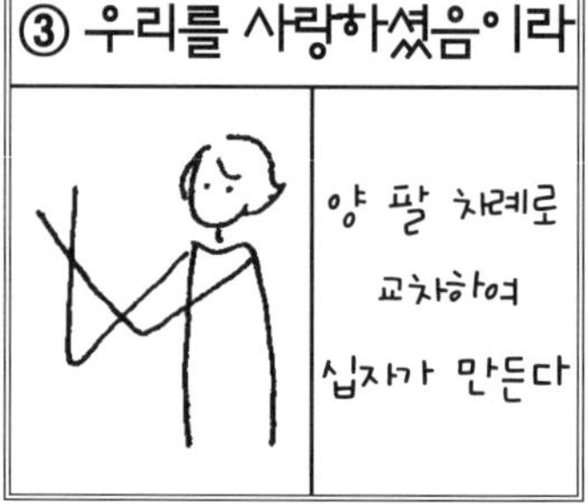

▨ 동작을 알아볼까요^^

◇ 1번 (영1번) : 우리가 하나님을 사랑한다는 것은 내 모든 것으로 해야 할 일이기 때문입니다.

◇ 3번 (영3번) : 하나님께서 우리를 사랑하신 증거가 예수님이시기 때문입니다.

We love because he first loved us

들어보세요!

우리의 하나님에 대한 사랑은 사실 하나님의 사랑에 대한 마땅한 반응이다. 예수님은 하나님께서 우리를 사랑하심을 보여주신 확실한 증거인데 더욱 중요한 것은 내가 하나님을 알지도 못할 때 하나님께서 먼저 우리를 사랑하셨다는 것이다. 이것은 우리의 어떤 조건이란 것이 전혀 개입될 수 없음을 보여 준다. 반응을 잘 보이는 신자가 훌륭한 신자이다.

하나님을 사랑하는 자는 또한 그 형제를 사랑할지니라

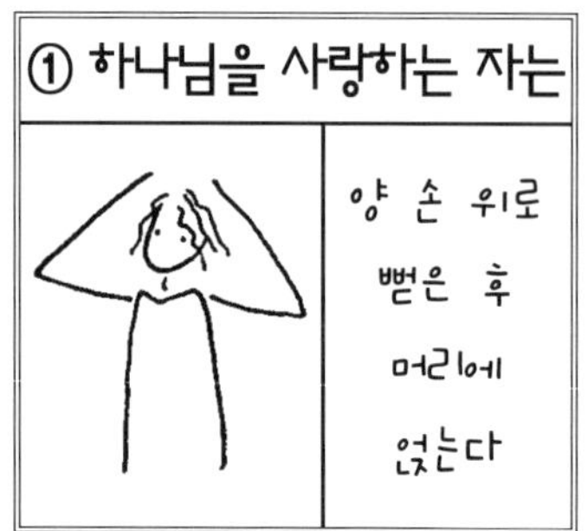

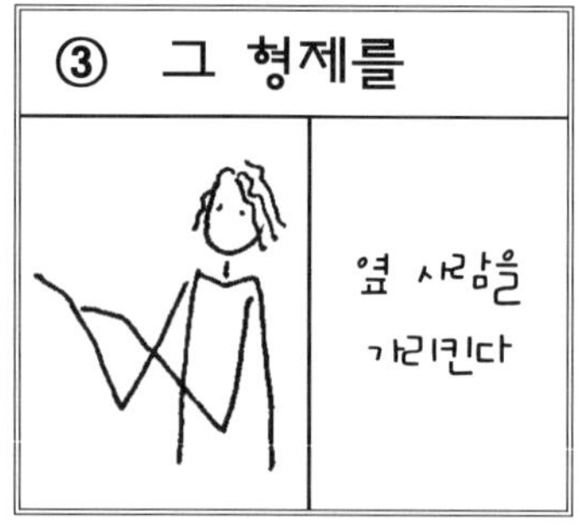

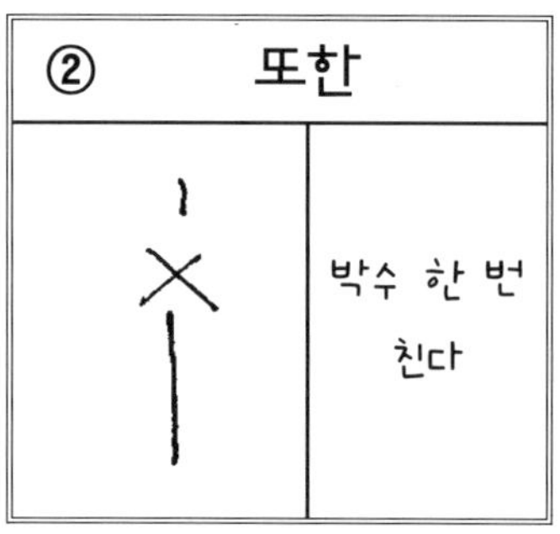

▦ 동작을 알아볼까요^^

◇ 다 아시겠죠!

Whoever loves God must also love his brother

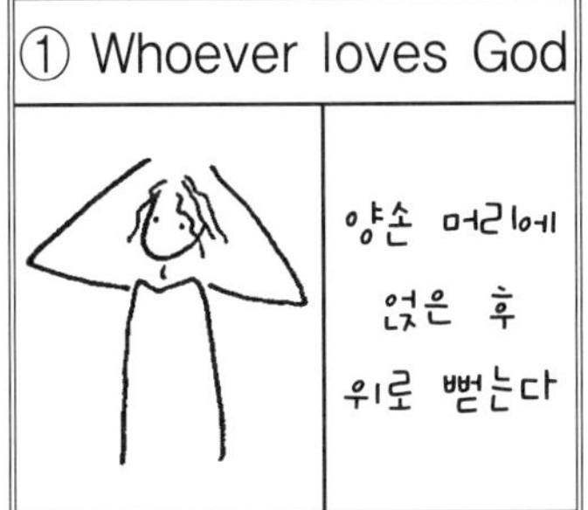

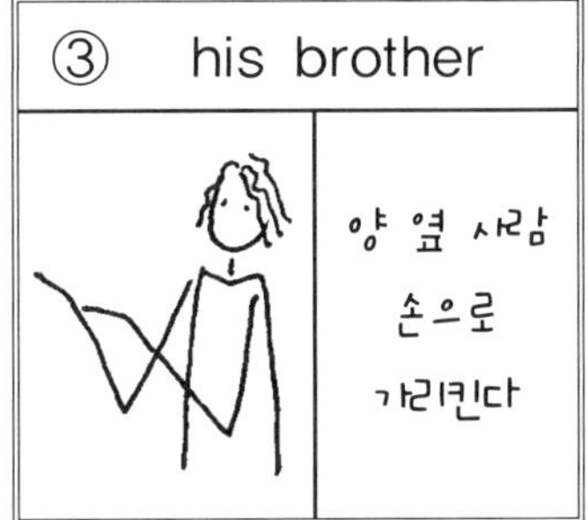

▦ **들어보세요!**

내가 가장 잘 못하는 것 중 하나인데 하나님께서는 우리의 하나님을 사랑하는 마음이 형제를 사랑하는 모습으로 표현되기를 원하신다. 형제란 먼저 믿음의 식구들을 말하고 넓게는 우리 주변의 이웃인데 가장 가까운 형제와 이웃은 바로 가족이다. 이런 말이 있다. "결혼은 사랑해서 하는 것이 아니고 사랑하기 위해서하는 것이다." 옛날에는 이 의미를 잘 알지 못했는데 살아 볼수록 공감이 가는 말이다. 인간의 사랑은 변하기 마련이다. 그러나 하나님의 사랑은 시간과 여건을 초월한다. 그러기 때문에 설령 부부간의 애정이 식어진다 해도 하나님의 사랑이 있다면 어려움을 잘 극복해 갈 수 있을 것이다. 가족은 사랑을 연습하고 사랑하는 법을 배우는 하나님이 주신 소중한 만남이라고 말하고 싶다.

하나님을 사랑하는 것은 이것이니
우리가 그의 계명을 지키는 것이라

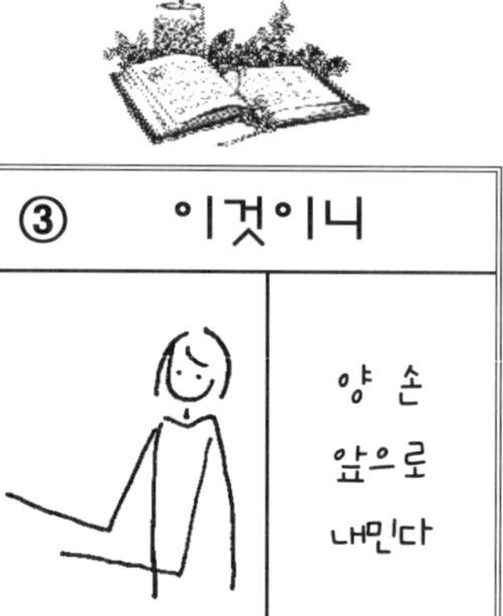

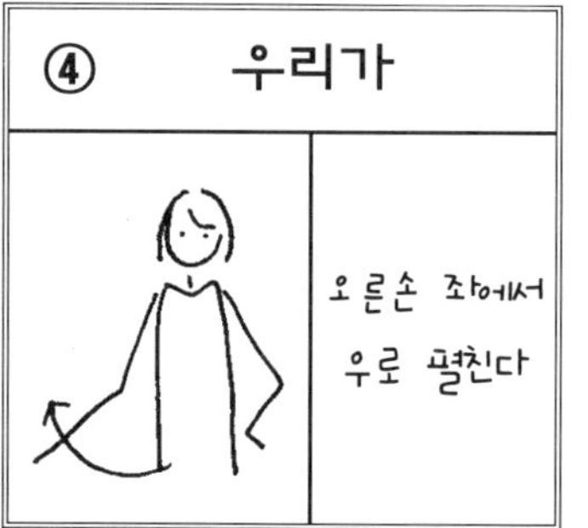

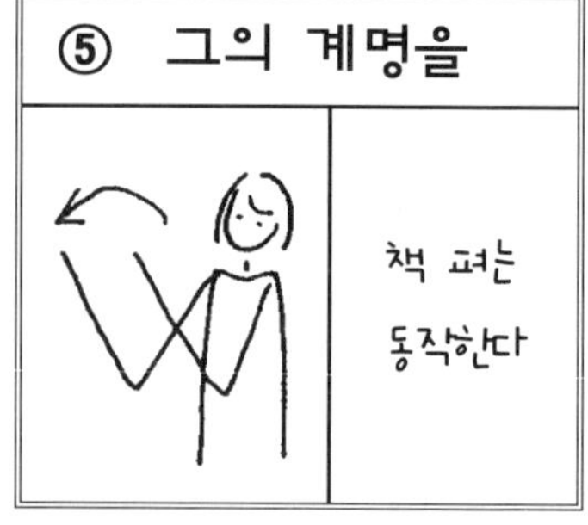

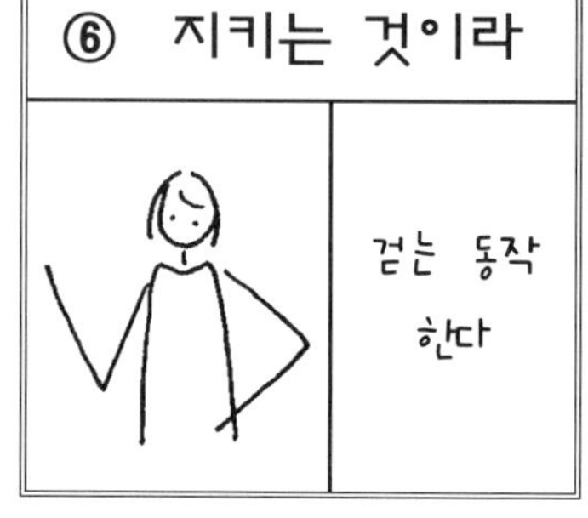

▨ **동작을 알아볼까요^^**

✧ 2번 (영1번) : 간접 표현으로 하나님을 최고로 생각한다는 뜻입니다.
✧ 6번 (영3번) : 지킨다는 것은 행한다는 것이죠.

This is love for God to obey his commands

■ 들어보세요!

하나님을 사랑하는 것과 같은 것 또는 하나님을 사랑하는 방법이라고 할 수 있는데 여기서 계명이라는 것은 넓은 의미로 하나님의 말씀을 말할 수도 있겠지만 같은 서신서에서 계명이라는 말의 의미를 찾아보면 3장 23절에 곧 "그 아들 예수그리스도의 이름을 믿고," 예수님을 믿는 것 그것이 바로 기본적인 계명이다. 이것이 곧 하나님을 사랑하는 것이다. 그리고 그가 우리에게 주신 계명대로 크리스천들끼리 서로 사랑하는 것이다. 크리스천의 관계 즉 교회에서 만남의 관계는 동네 사람이나 계모임, 친척 관계 이상의 관계이다. 우리가 믿지 않는 자들을 사랑하는 것과 크리스천들끼리 사랑하는 것의 의미는 좀 다르다. 우리의 관계는 형제애이며 우리는 하나님을 사랑하기 때문에 서로 사랑해야 할 존재들이다.

 성도의 삶

주께서 내 마음에 두신 기쁨은
그들의 곡식과 새 포도주가 풍성할 때보다 더하니이다

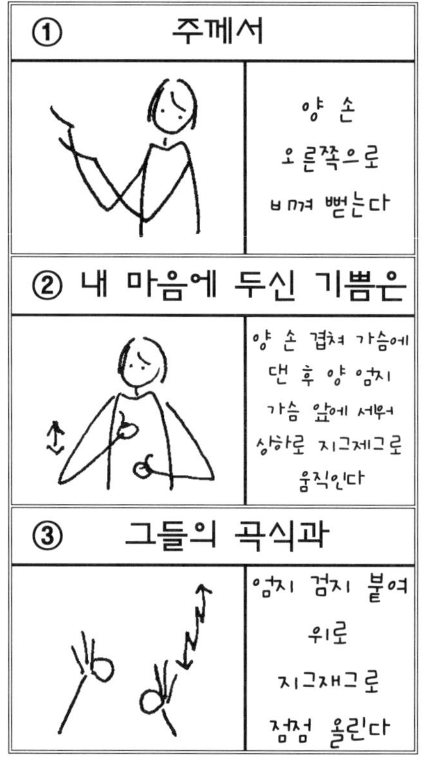

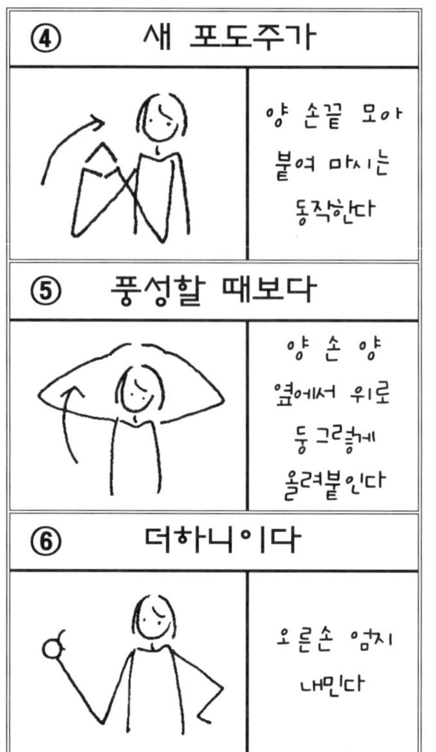

You have filled my heart with greater joy
than when their grain and new wine abound

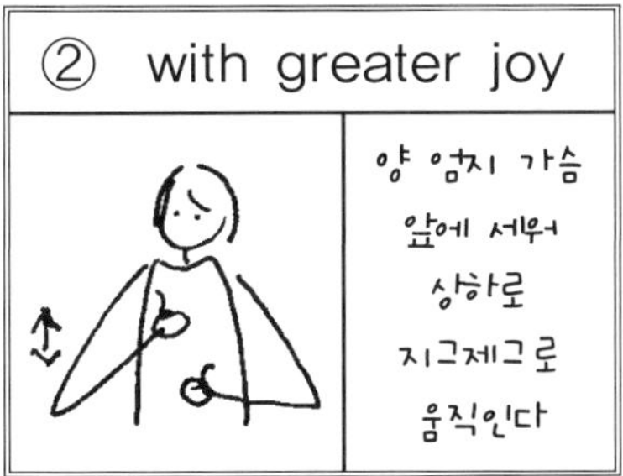

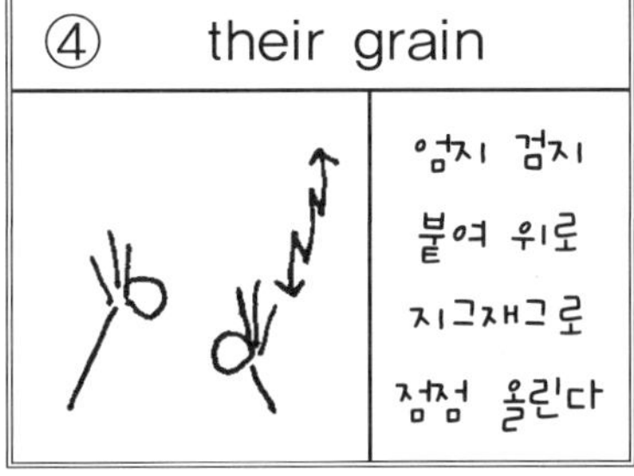

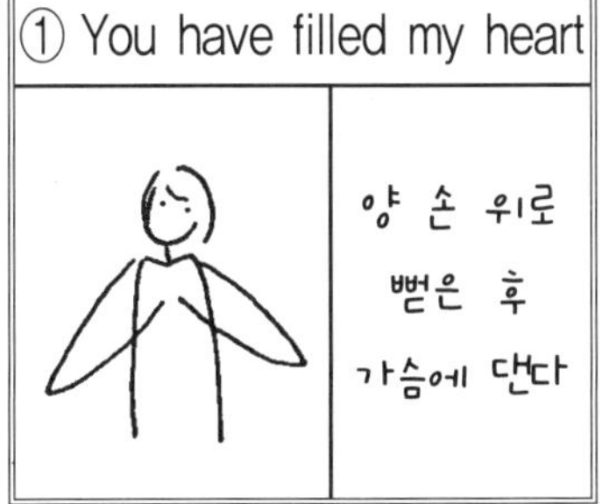

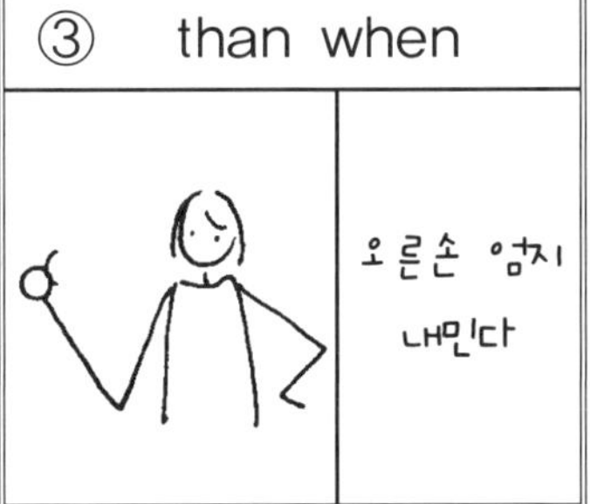

■ **들어보세요!**

우리가 살면서 기쁨을 얻게 되는 일들이 많이 있는데 이 말씀에서는 곡식과 새 포도주의 풍성할 때의 기쁨을 말하고 있다. 이것은 지금으로 말하면 돈의 풍부를 말하는 것이다. 돈이 많은 것 참 기분 좋은 일이다. 우리 둘째 아들은 만 원짜리보다 천 원짜리를 더 좋아한다. 만 원 권은 누가 주면 엄마가 가져가지만 천 원짜리는 자기 마음대로 쓸 수 있기 때문에 누가 만 원을 주면 천 원으로 바꿔주라고 말하는 웃지 못할 일이 벌어진다. 사람마다 많음의 기준이 다르겠지만 돈은 그 사람에게 많은 즐거움을 준다. 그러나 이 기쁨이 하나님께서 주시는 기쁨에 비하면 아무것도 아니라는 말이다. 하나님의 자녀들은 바로 이 기쁨의 가치를 발견할 줄 알아야 한다. 이 기쁨의 차이를 발견할 줄 알아야 한다. 이러한 기쁨을 추구해야 한다. 우리는 이 세상에 발을 붙이고 살지만 하늘에 속한 사람이라는 것을 잊지 말자.

그러므로 어리석은 자가 되지 말고
오직 주의 뜻이 무엇인가 이해하라

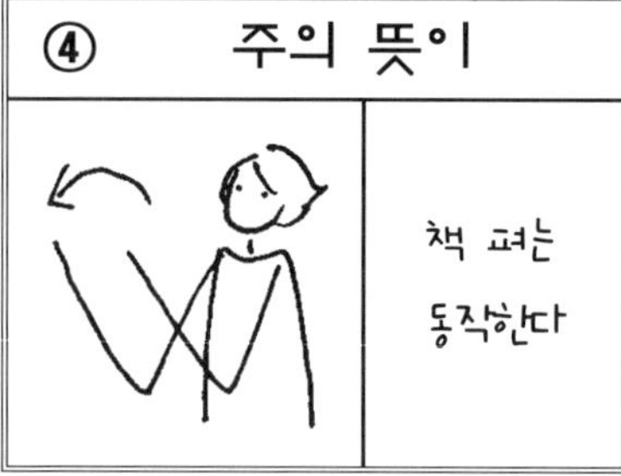

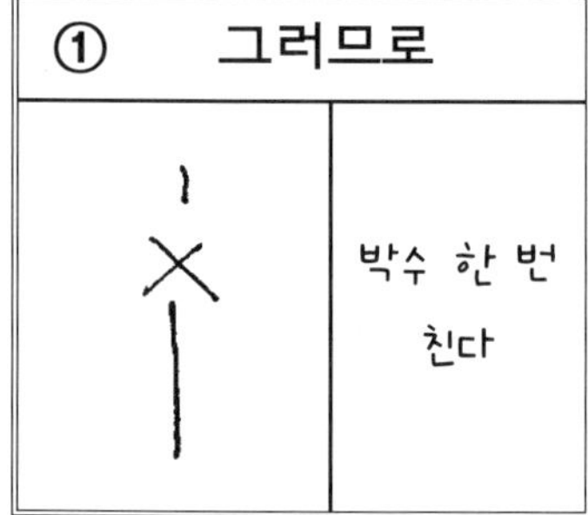

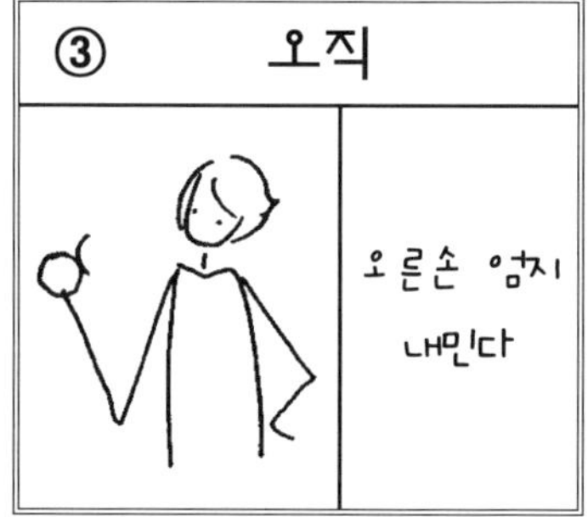

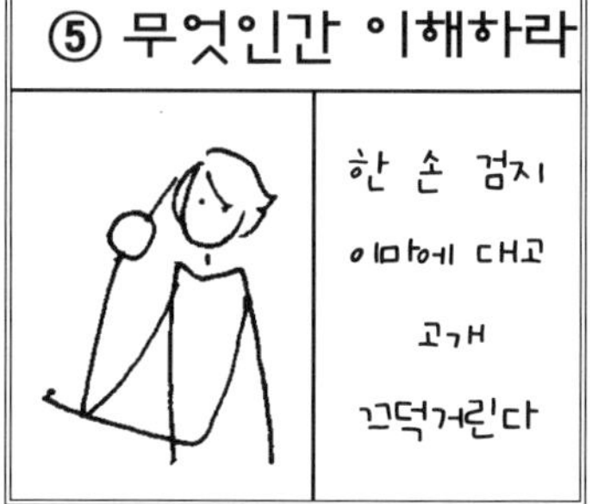

■ **동작을 알아볼까요^^**

◇ 4번 (영5번) : 하나님의 뜻은 성경 말씀에 있기 때문에 책 펴는 동작으로 했어요.

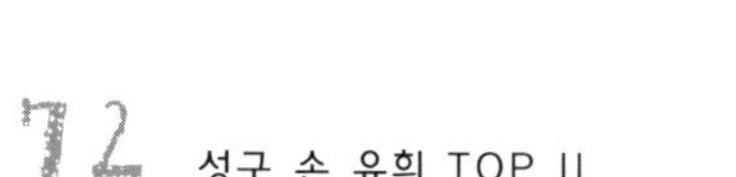

Therefore do not be foolish but understand
what the Lord's will is

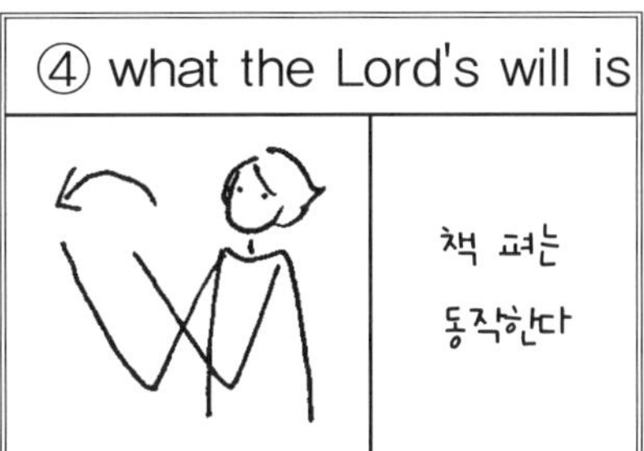

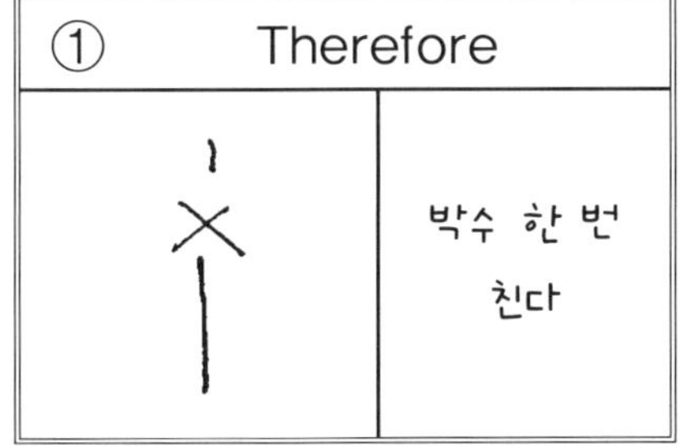

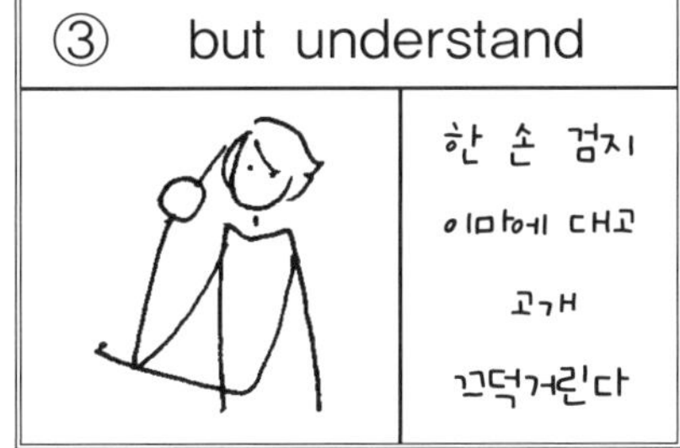

▨ **들어보세요!**

주의 뜻이 무엇인가를 이해하지 못하는 자가 어리석은 자라고 말한다. 그러면 하나님의 뜻은 무엇인가? 유명한 기도원 원장이 기도해서 알려주는 것이 주의 뜻인가? 하나님의 뜻은 그렇게 먼 데 있지도 거창하지도 않다. 항상 우리 손 안에 있다. 바로 하나님께서 주신 66권 그 곳의 말씀을 잘 관찰할 때 하나님의 뜻은 얼마든지 발견할 수 있다. 가깝게는 이 말씀 자체도 하나님의 뜻이다. 항상 기뻐하는 것, 쉬지 말고 기도하는 것, 모든 일에 감사하는 것, 이러한 하나님의 뜻은 어딜 갔단 말인가! 아직 오지 않은 거창한 미래보다는 오늘 한날의 소박한 하나님의 뜻을 이루는 것. 이것이 하나님의 뜻이 아닐까!

술 취하지 말라
이는 방탕한 것이니 오직 성령의 충만함을 받으라

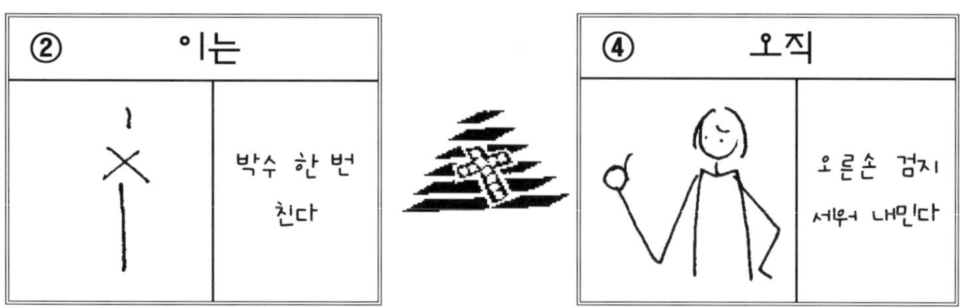

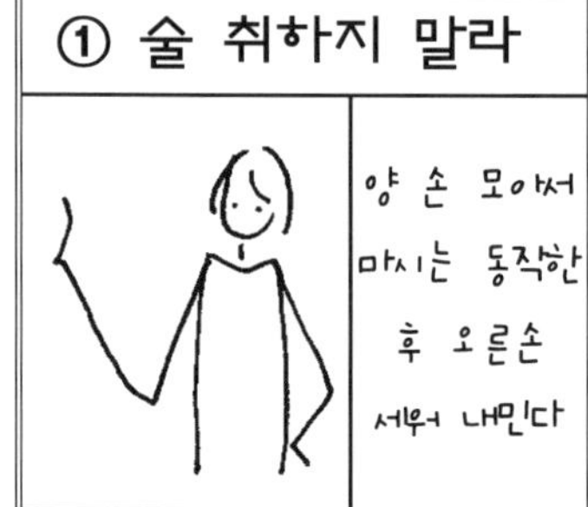

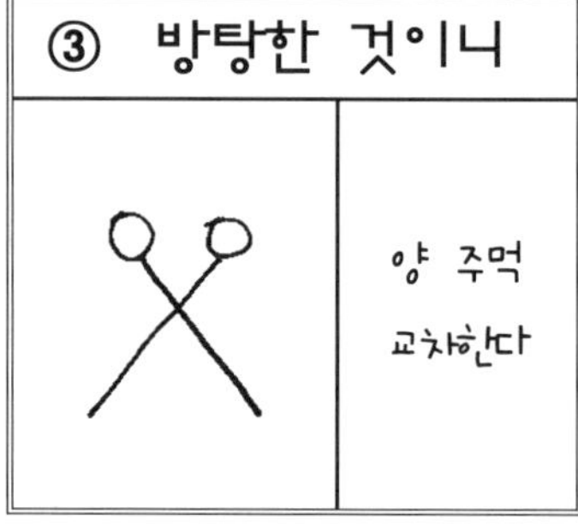

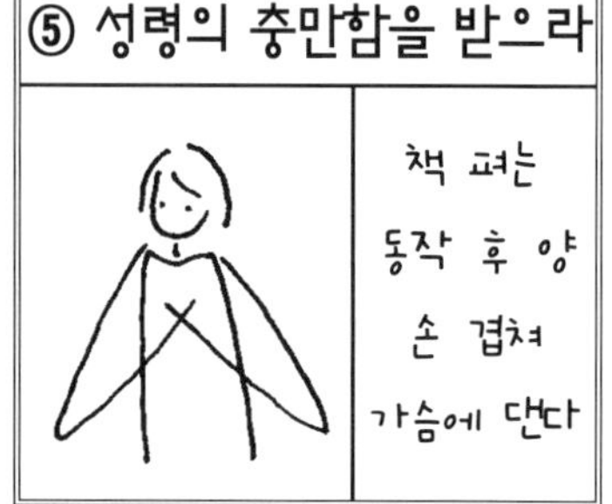

■ **동작을 알아볼까요^^**

✧ 5번 (영5번) : 말씀으로 충만한 것이 이미 우리와 함께 계신 성령 하나님으로 채우는 것이지요.

Do not get drunk on wine which leads
to debauchery instead be filled with the spirit

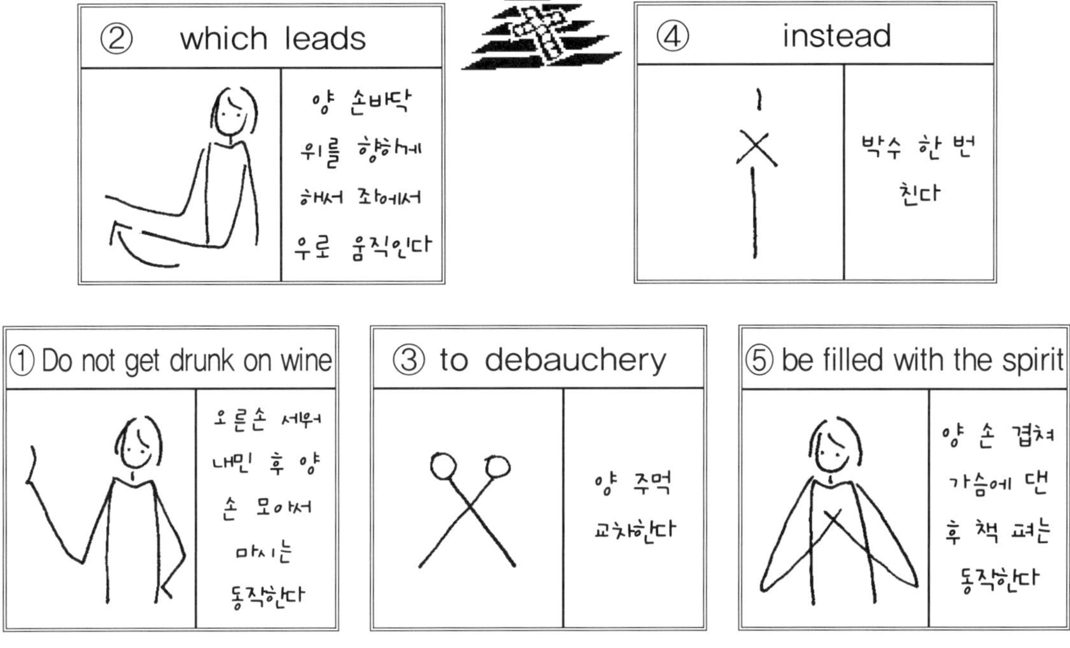

▓ **들어보세요!**

"술은 마셔도 되잖아요. 술 취하지 말라는 말은 있어도 술 먹지 말라는 말은 없자나요." 청년들의 입에서 쉽게 나오는 이야기이다. "먹게 되면 취합니다. 안취할 자신 있는 사람은 드세요"라고 대답했다. 이게 잘 한 건지. 그러나 성경은 한 곳만 보면 안 된다. 잠언 23장 31절에 "포도주는 붉고 잔에서 번쩍이며 순하게 내려가나니 너는 그것을 보지도 말지어다"라고 쓰여 있다. 술 취하는 것과 성령으로 충만을 받는 것이 대조를 이룬다. 어떤 공통점이 있기에 이렇게 엄청난 차이가 있음에도 불구하고 대조를 이룰까? 그것은 사람을 움직인다는 공통점이다. 술에 취하게 되면 술에 지배를 받게 된다. 술에 취하면 개가 된다는 말이 나올 정도로 자신의 의지와는 상관없이 헹동하게 되는 것이다. 그럼 성령 충만이란 무엇일까? 우리는 어떤 추상적이거나 거창한 것을 떠올리기 쉬운데 성령 하나님의 충만한 다스림을 받는 것 곧 말씀을 따라 자신을 복종시켜 나가는 삶을 이루어가는 것이다.

자녀들아 주 안에서 너희 부모에게 순종하라

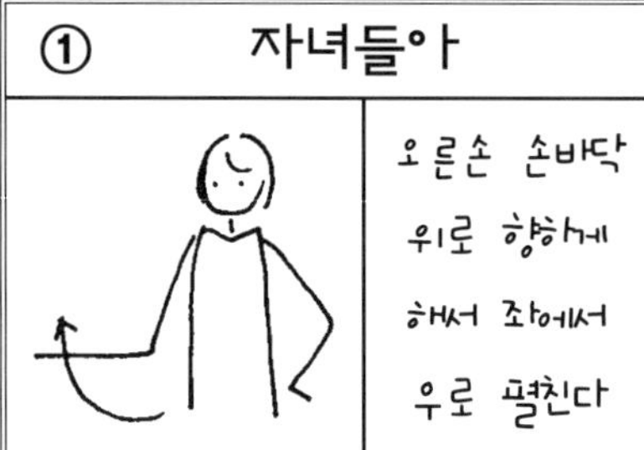

▓ **동작을 알아볼까요^^**

◇ 2번 (영3번) : 부모님은 나의 몸을 낳아 주신 분이기 때문이다.

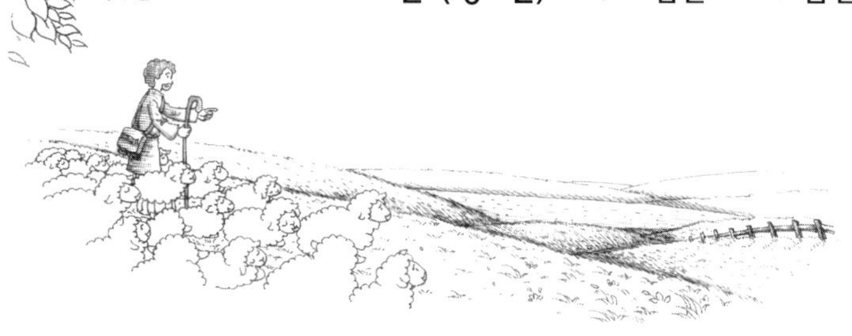

Children, obey your parents in the Lord

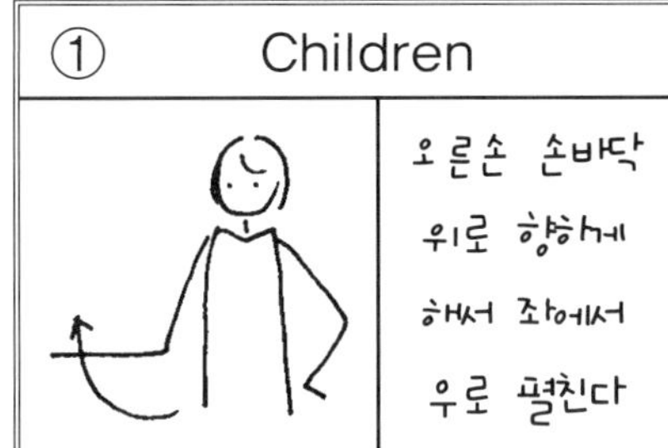

▦ 들어보세요!

이 말씀은 신약 시대에 주어진 부모에 대한 말씀으로 십계명 가운데 5계명을 생각나게 한다. 신약 시대에 율법은 사라진 것이 아니고 더 자세히 더 깊이 재현되어 선포되어지고 있다. 사실 효는 성경 뿐만이 아니고 다른 종교에서도 강조하고 있는 것이다. 그러나 성경이 그들과 다른 것은 바로 주 안에서라는 말이다. 주 안에서라는 의미는 무엇일까? 하나님의 말씀의 테두리 안에서라고 할 수 있을 것이다.

내게 사는 것이 그리스도니 죽는 것도 유익함이라

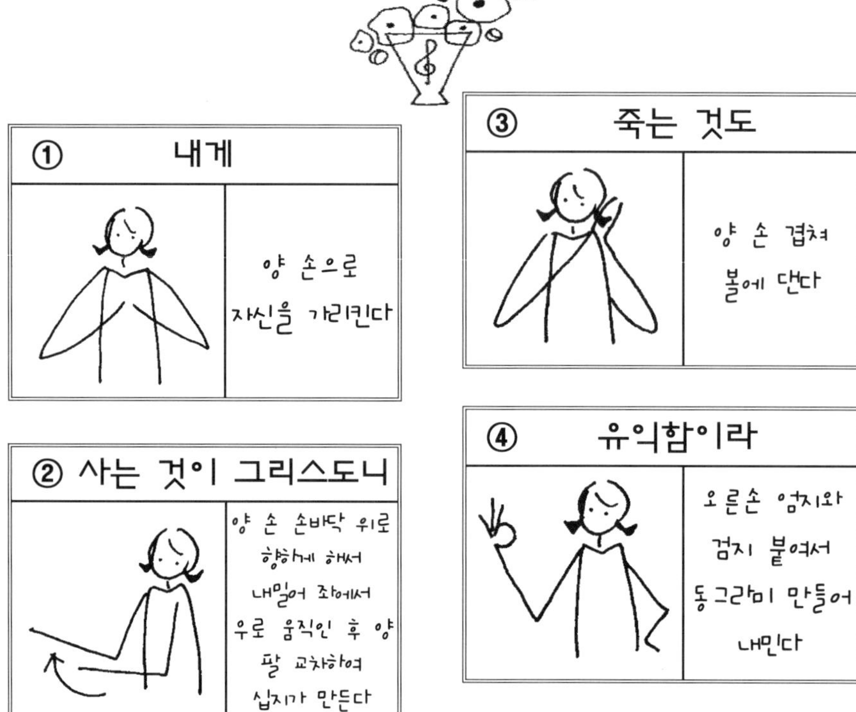

▨ **동작을 알아볼까요^^**

◇ **4번 (영5번)** : 좋다는 말이죠. 오케이란 뜻의 동작입니다.

For to me,
to live is Christ and to die is gain

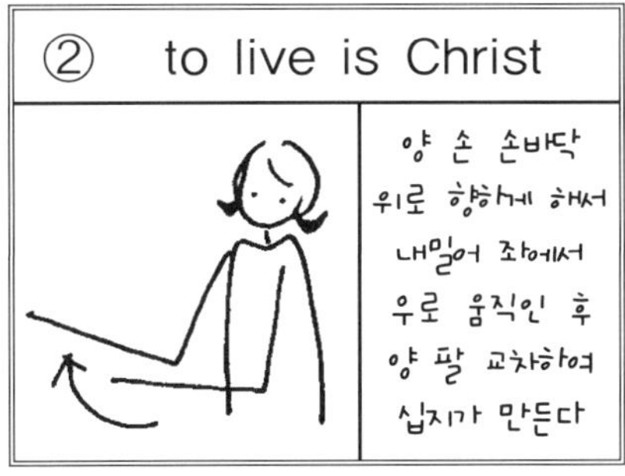

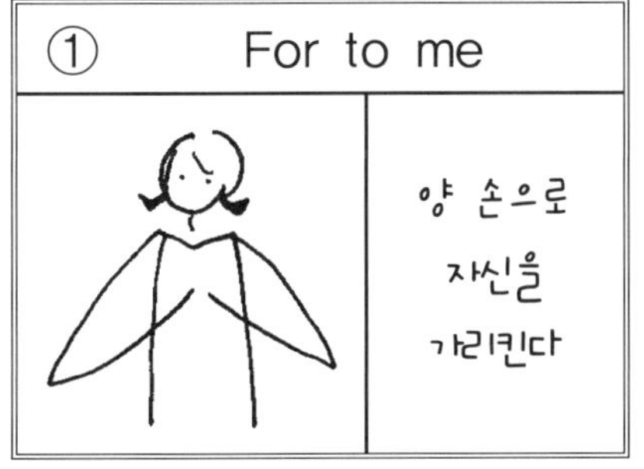

▨ **들어보세요!**

세상 사람들은 죽음을 불행으로 생각한다. 그러나 크리스천들에게는 죽음은 삶의 연장일 뿐이다. 그렇기 때문에 사도 바울은 죽는 것도 유익이라고 말한다. 왜냐하면 이미 사는 것도 그리스도이기 때문에 삶의 연장인 죽음도 곧 그리스도를 위한 일이므로 그것도 이익이 된다는 말이다. 크리스천이라면 누구나 이렇게 말할 수 있어야 한다.

그리스도를 위하여 너희에게 은혜를 주신 것은
다만 그를 믿을 뿐 아니라
또한 그를 위하여 고난도 받게 하심이라

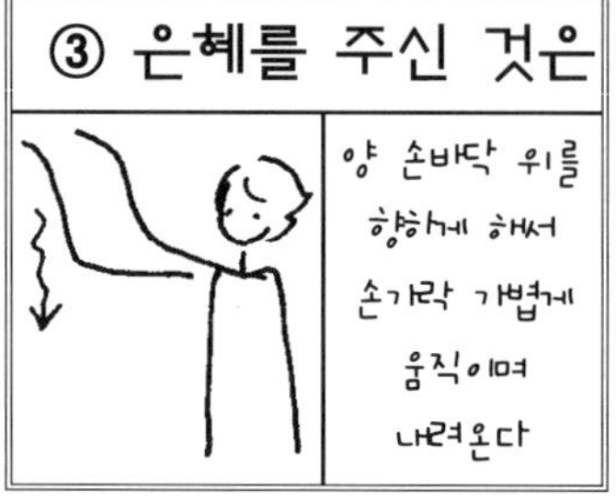

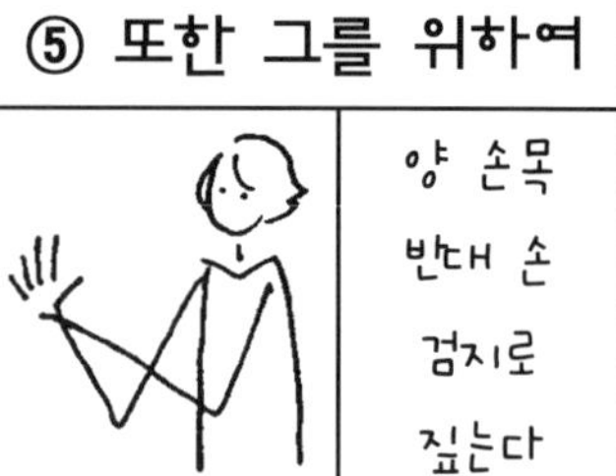

■ 동작을 알아볼까요^^

◇ 3번 (영1번) : 은혜란 하나님께로부터 오는 것이기 때문에 위에서부터 내려오는 동작으로 합니다.

◇ 6번 (영5번) : 우리의 앞을 가로막아 힘들게 한다는 것입니다. 감옥에 갇히는 것도 연상할 수 있겠죠.

For it has been granted to you on behalf of Christ
not only to believe on him but also to suffer for him

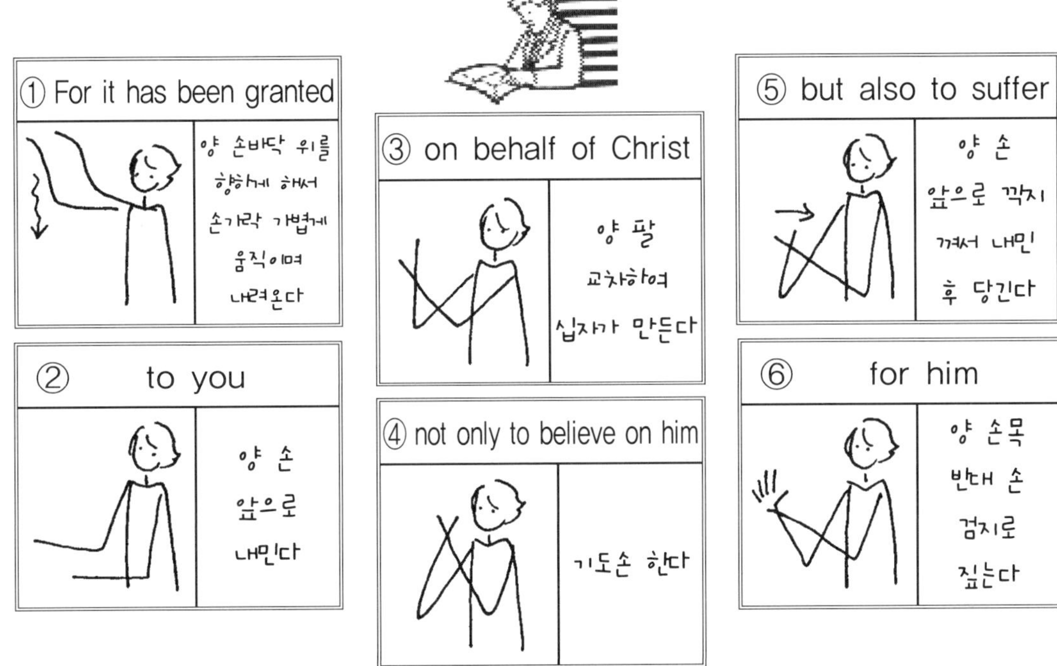

■ **들어보세요!**

우리말에 호랑이는 무서운데 가죽은 탐난다는 말이 있다. 예수님을 믿고 천국은 가고 싶은데 예수님 때문에 고난은 당하기 싫어하는, 나 자신을 포함한 크리스천들의 모습이 눈에 많이 보이는 것 같다. 어떻게 하면 좀 편하게 예수님을 믿고 살까 하는 생각인데 이 말씀은 그러한 생각을 책망하고 있는 말씀이다. 그러니 각오를 단단히 해야 할 것 같다.

항상 기뻐하라
쉬지 말고 기도하라
범사에 감사하라

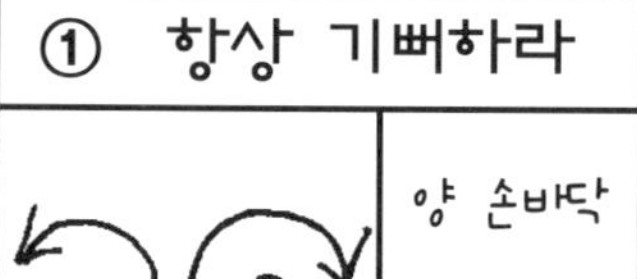

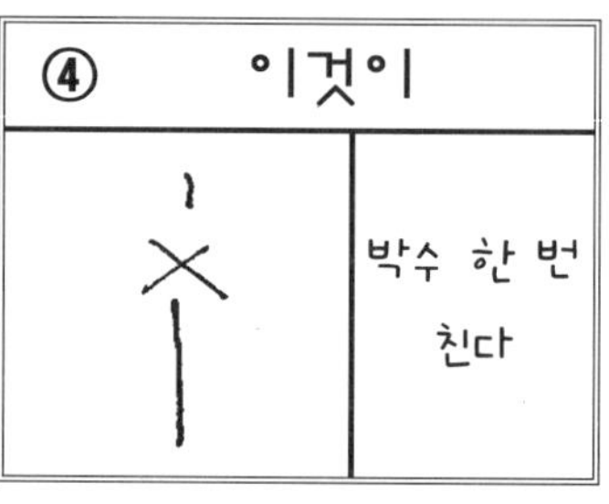

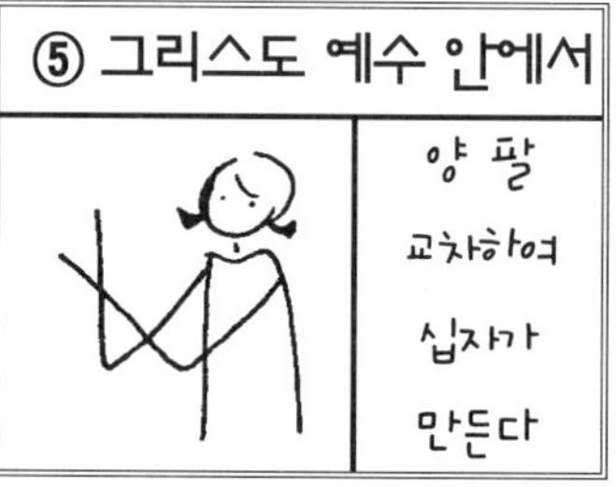

이것이 그리스도 예수
안에서 너희를 향하신
하나님의 뜻이니라

■ 동작을 알아볼까요^^

◇ 다 아시겠죠!

Be joyful always
pray continually
give thanks in all
circumstances

① Be joyful always

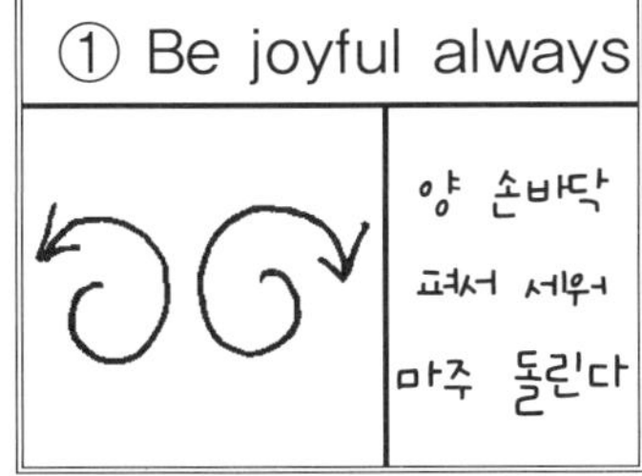

② pray continually

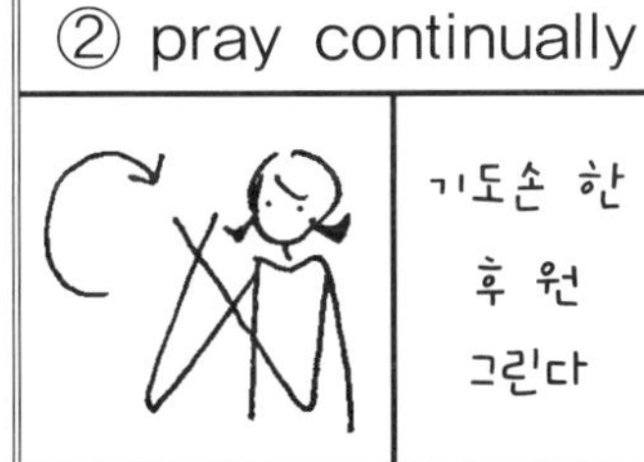

③ give thanks

④ in all circumstances

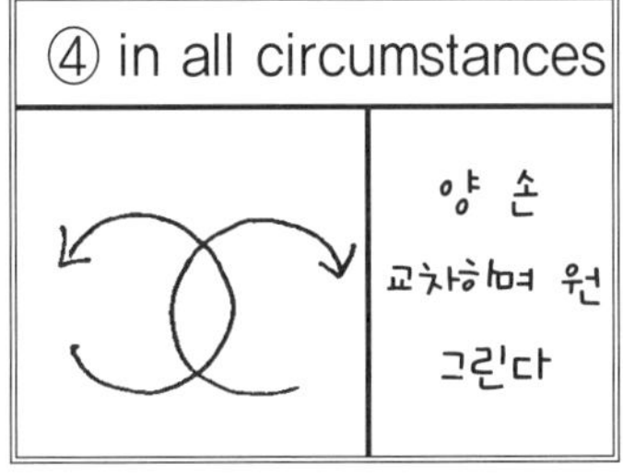

⑤ of this is God's will

of this is God's will
for you in Christ
jesus

⑥ for you

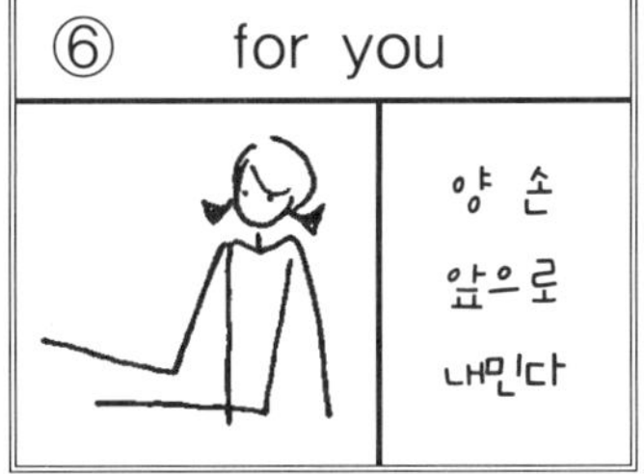

⑦ in Christ jesus

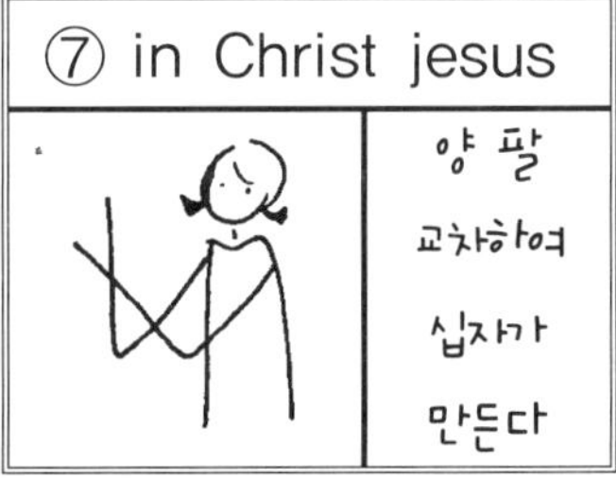

◼ **들어보세요!**

하나님의 뜻이 성경에 많이 있는데 그 중 이런 부분이 있다. 항상 기뻐하라. 이 말은 항상 기뻐할 일만 있기 때문에 그런 것이 아니다. 범사에 감사하라도 마찬가지이다. 그러나 하나님의 자녀들에게는 모든 것이 협력하여 선을 이루기 때문에 그렇게 하라는 것이다. 이건 맨 정신으로는 할 수 없다. 그만큼 하나님을 신뢰함이 많아야 한다. 쉬지 말고 기도하라. 항상 하나님과의 대화하며 사는 것이다. 하나님의 뜻은 어찌 보면 참 간단하고 명료하다. 근데 그렇게 사는 것이 잘 안 되어서 문제다. 그러니 간구할 수밖에....

형제들아 너희는 선을 행하다가 낙심하지 말라

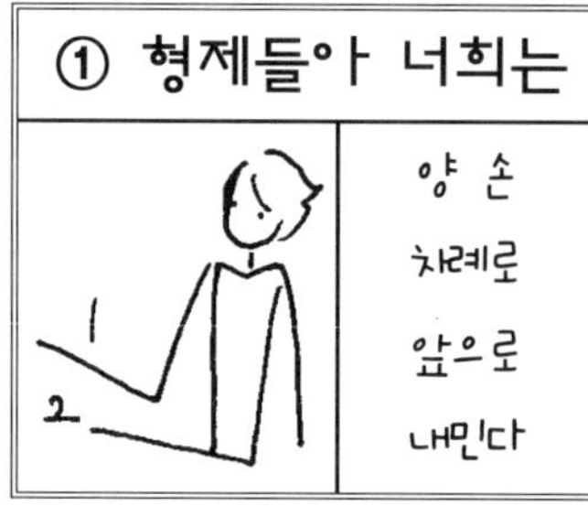

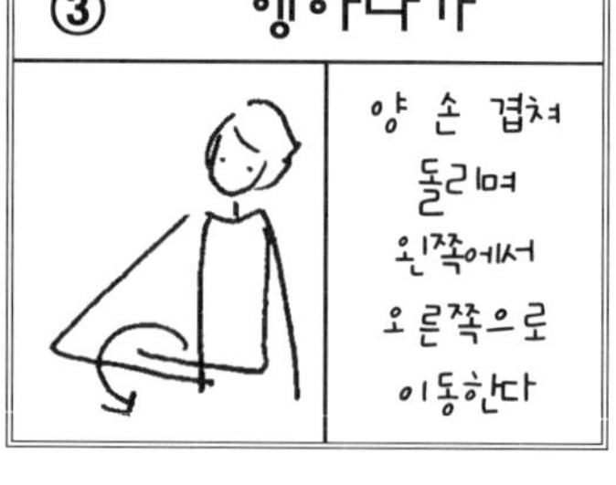

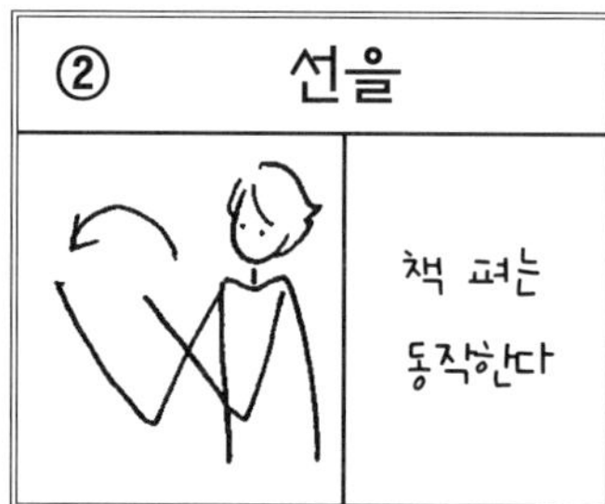

▨ 동작을 알아볼까요^^

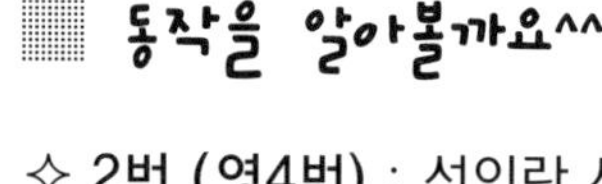

◇ 2번 (영4번) : 선이란 세상적으로 착한 일이 아니고 하나님의 말씀에 근거한 것이기 때문입니다.

brothers, never tire of doing what is right

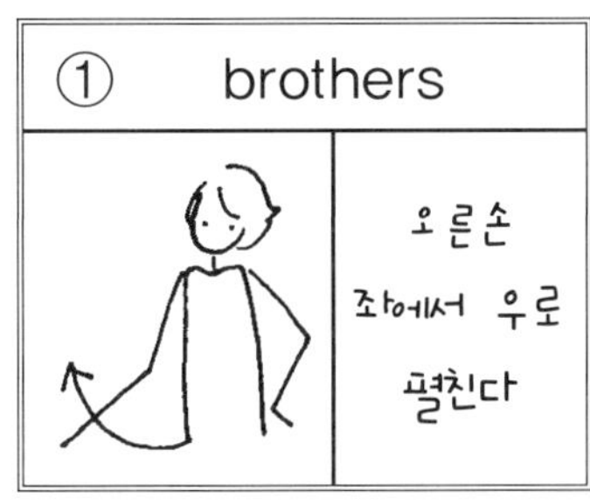

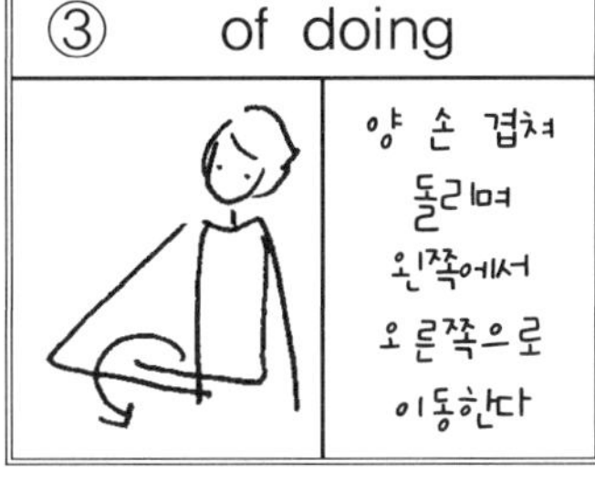

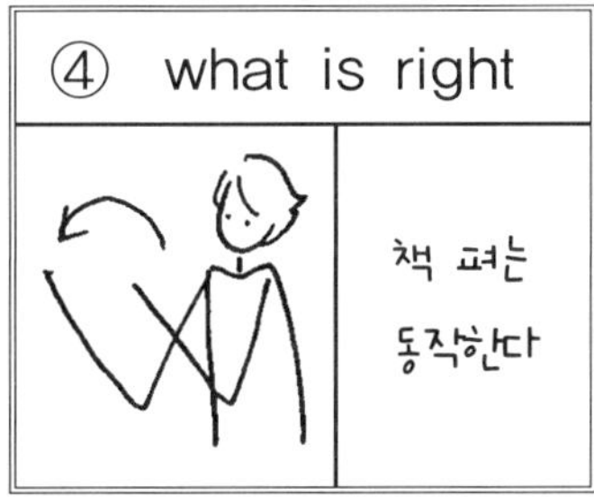

▨ **들어보세요!**

선한 일이란 무엇인가? 이 말씀은 사도 바울이 데살로니가 교인들에게 하는 말로 그 정황을 보면 바울은 그 동안 일하기 싫어하는 자는 먹지도 말라고 가르쳤는데 그 당시 교인들 가운데 일하기를 싫어하여 아무것도 하지 않으려는 자들이 있었고 반면 열심히 일을 하며 살아가는 사람들이 있었다. 이렇듯 힘들어도 말씀을 따라 열심히 살고 있는 자들이 있는가 하면 자기들이 편할 대로 살아가는 자들이 있어서 바르게 살아가는 사람들로 하여금 때로는 회의를 느끼도록 할 염려가 있었다. 쉽게 얘기하면 꼬박 꼬박 예배에 다 참석하는 사람들이 일주일에 한 번만 예배에 참석하는 사람들을 보고 나도 저렇게 편하게 할까 하는 유혹과 흔들림을 받을 수 있다는 말이다. 그러기에 바울은 말씀 대로 사는 것을 싫증내거나 지치지 말라고 말씀을 따라서 잘 사는 자들을 격려해 주고 있는 것이다.

우리가 먹을 것과 입을 것이 있은즉 족한 줄로 알 것이니라

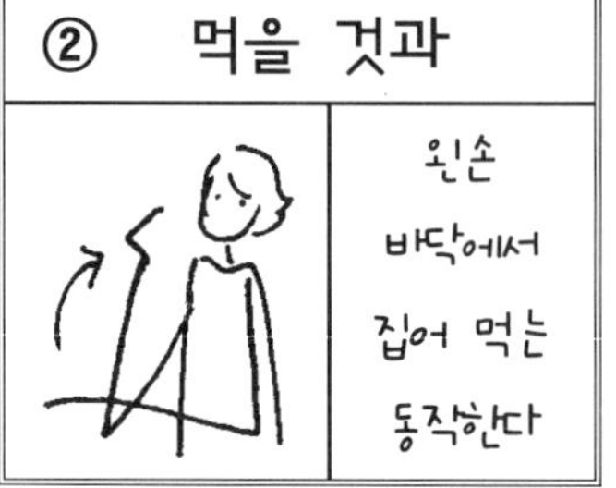

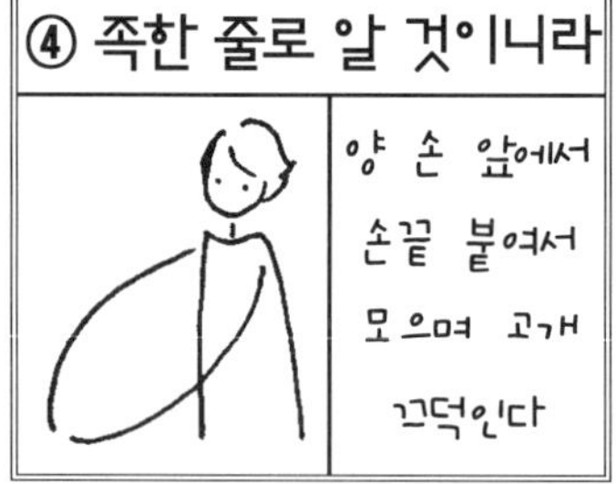

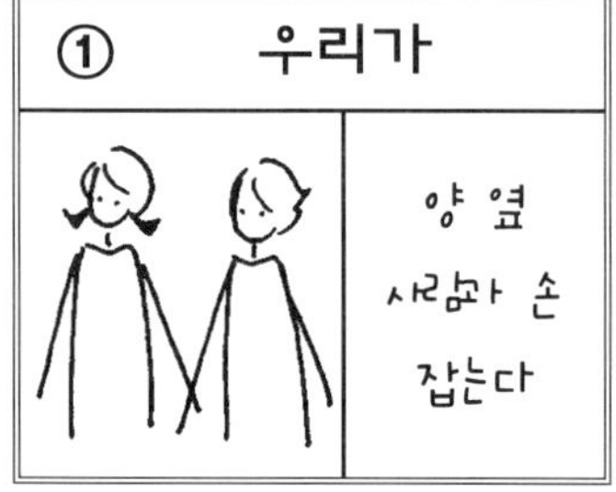

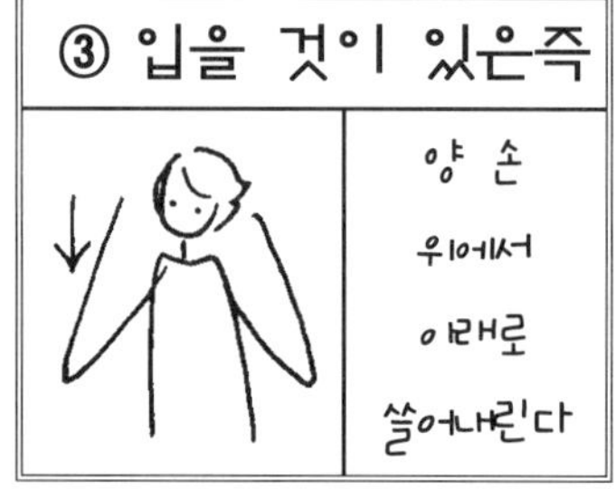

▧ **동작을 알아볼까요^^**

◇ **4번 (영4번)** : 배부른 것을 표현하는 동작입니다. 배가 부르면 자연히 만족하게 되겠죠?

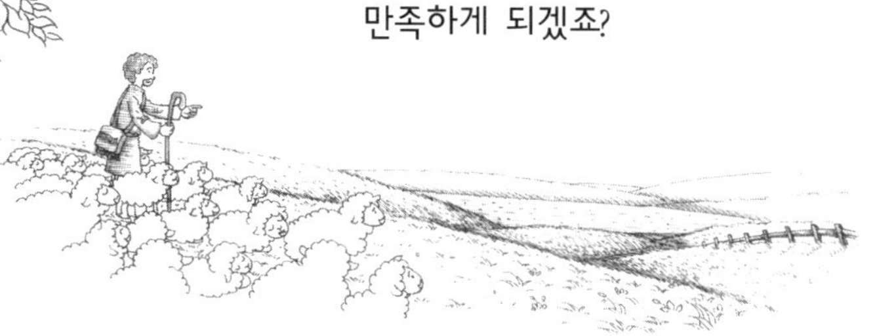

But if we have food and clothing,
we will be content with that

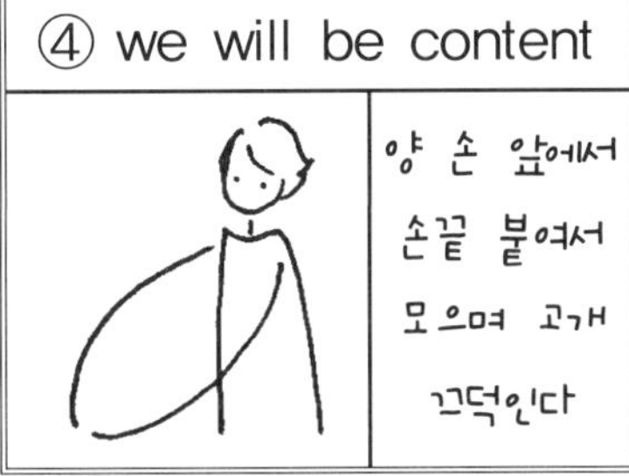

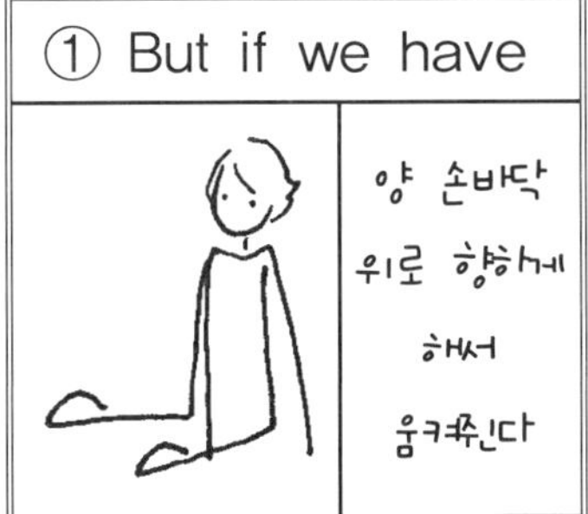

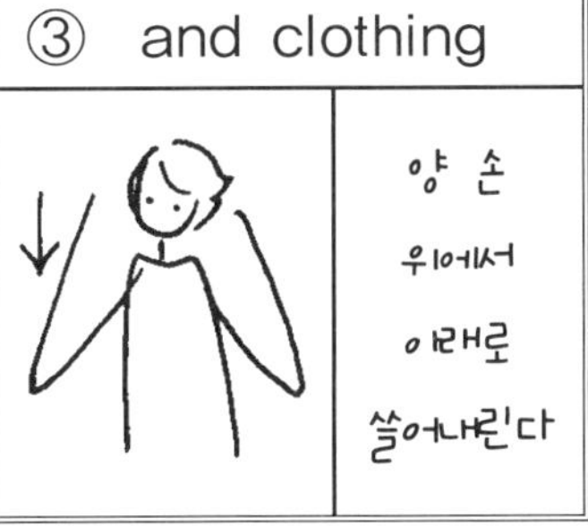

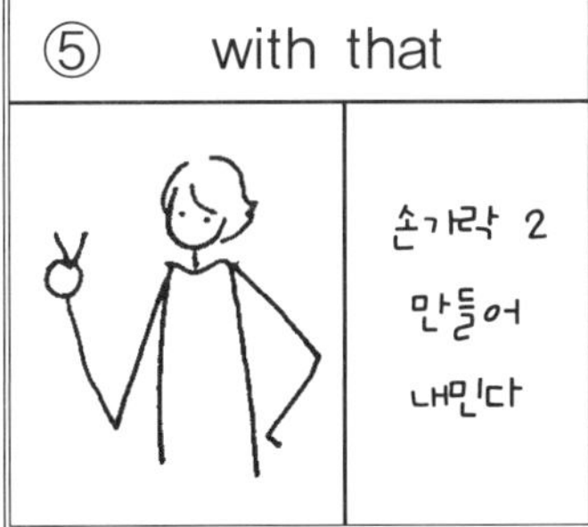

▨ **들어보세요!**

우리에게 이 말씀이 얼마나 실감나게 느껴질 수 있을까? 우리의 문제는 먹을 것과 입을 것의 문제가 아니고 쌓을 것의 문제가 심각한 거 같다. 그러나 조금만 눈을 다른 곳으로 돌리면 이 문제가 심각한 사람들이 있다. 이 문제들이 정말 실감나는 나라들이 있다. 우리 주위의 가까운 곳 바로 북한도 그 곳 중 하나이다. 세계 곳곳에 기아와 질병으로 허덕이는 나라들 우리가 입장을 바꿔 놓고 생각한다면 가만히 있을 수가 없을 것이다. 정말 그들을 생각하면 우리나라에는 도울 곳이 없는 것처럼 보인다. 우리에게 먹을 것과 입을 것을 주신 하나님. 다는 주지 못한다 해도 조금이라도 나눌 수 있는 마음이 있다면 그들이 나라고 생각한다면 이 세상은 훨씬 살기가 편한 곳이 될 것인데 그 생각을 하기가 힘든가 보다.

돈을 사랑함이 일 만 악의 뿌리가 되나니

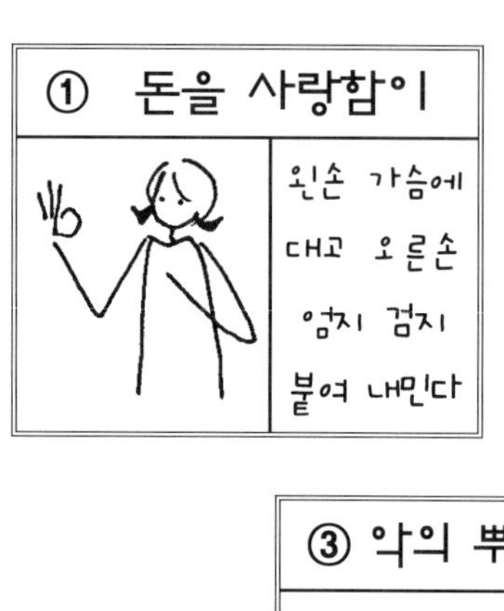

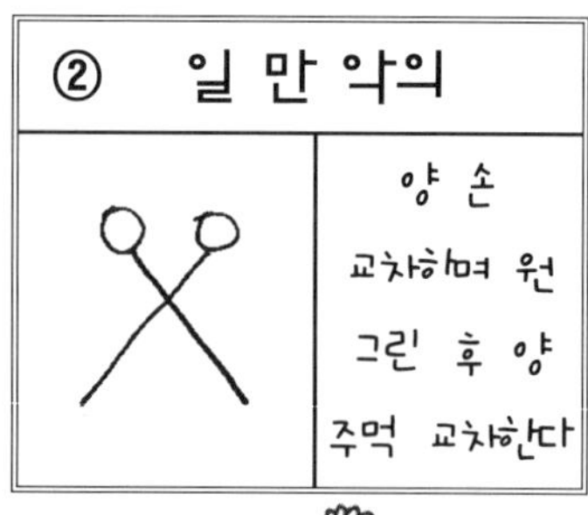

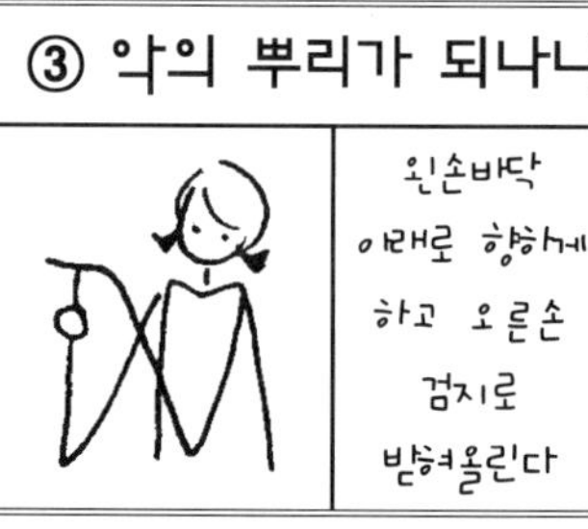

▦ 동작을 알아볼까요^^

◇ 1번 : 돈을 마음에 둔다는 뜻이다.

For the love of money is a root of all kinds of evil

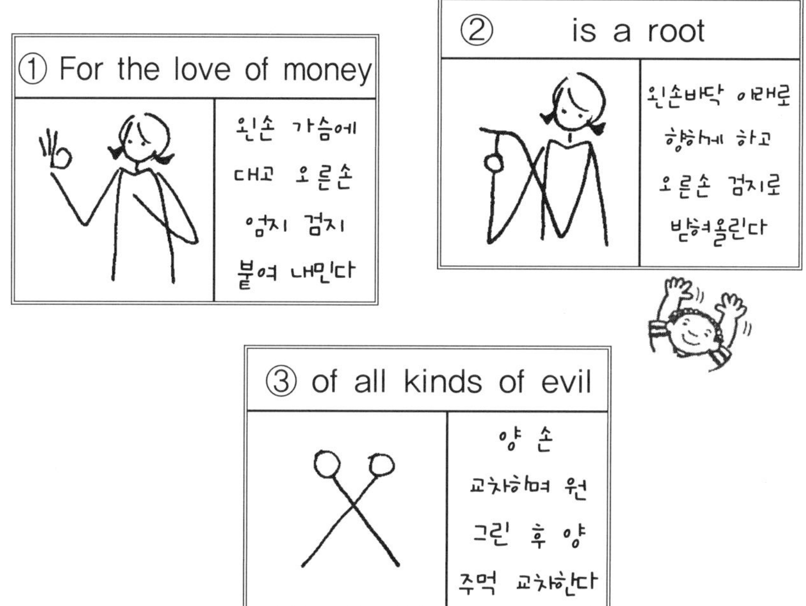

▦ **들어보세요!**

티브이 뉴스에 보면 돈과 연관되지 않은 범죄는 거의 없는 듯하다. 돈 때문에 사람을 죽이고 돈 때문에 미워하고 돈 때문에 자살을 하고 사람은 자기가 평생 다 쓰고 죽지도 못할 돈을 모으느라 여러 가지 것들을 희생하며 산다. 돈이 무엇인지! 그런데 돈이 나쁜 것이 아니고 돈을 사랑하는 것이 잘못된 것이다. 돈보다 사람을 중요시하고 돈보다 생명을 중요시하는 것, 사실 돈으로 살 수 없는 것들은 돈의 가치와는 비교도 안 되는 것들이다. 그런데 돈을 사랑하면 이것이 안 뵈는가 보다. 마치 연인을 사랑하면 눈에 콩깍지가 씌여서 안 좋은 것은 보이지 않는 것처럼 말이다. 안 쓰면 종이에 불과한 돈 바로 알고 바로 쓰면 하나님의 이름을 나타내는 정말 선한 도구가 될 수 있다. 열심히 돈 벌자~ 그리고 열심히 하나님의 나라를 위해 쓰자.

그리스도 예수 안에서 경건하게 살고자 하는 자는
박해를 받으리라

■ **동작을 알아볼까요^^**

✧ 4번 (영4번) : 이 동작은 갇히는 것을 표현하는 동작입니다. 감옥에 갇히게 되는 것은 사도 바울 선생님이 당하셨던 핍박 중 고통스러운 것이었습니다. 그걸 생각하시면 되겠죠.

Everyone who want to live a godly life
in Christ Jesus will be persecuted

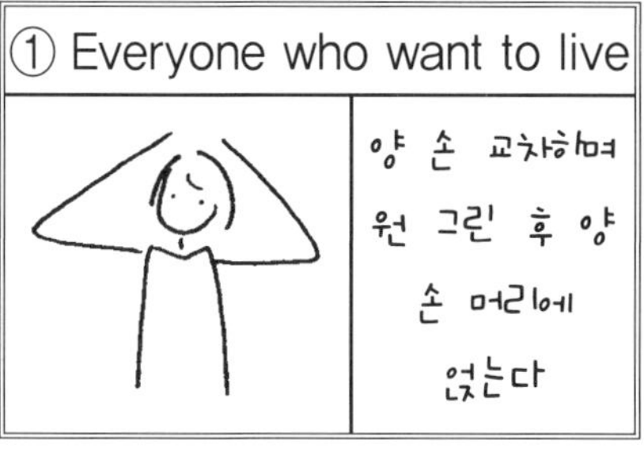

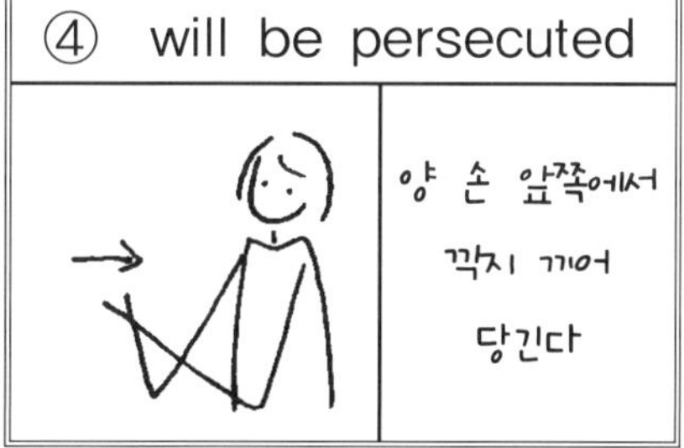

▦ **들어보세요!**

핍박과 예수님을 믿는 것 뗄래야 뗄 수 없는 관계이다. 그런데 초신자일 때는 이것을 잘 모른다. 핍박을 당하게 되면 하나님을 섬기는 것을 그만 두는 요인이 된다. 핍박에는 두 가지 종류가 있다. 밖에서 오는 직접적인 핍박이다. 이슬람 국가들이나 불교 국가들 중국이나 북한 같은 나라들, 이러한 곳에서 핍박은 말 그대로의 핍박 같은 핍박이다. 그러나 종교의 자유가 있는 국가들에서는 이러한 핍박은 더 이상 의미가 없다. 이런 상황 속에서 과연 어떤 핍박을 느낄 수 있을 것인가? 그것은 결국 나 자신과의 싸움이 가장 큰 핍박이며 이것과 연관된 것으로 또한 주변 환경이 그 요인이 될 수도 있다. 이것은 우리가 선택하며 살아야 하는 일들 가운데서 벌어지는 것들이다. 핍박! 그러나 하나님을 사랑하는 자들에게는 결코 걸림돌이 아니며 하나님을 사랑하는 좋은 표현의 기회가 되기도 하며 실로 핍박은 견디기 힘든 것은 사실이지만 하나님의 사랑으로 우리가 넉넉히 이길 수 있음을 성경은 말해 주고 있다. 이 글을 쓰고 있는 내 눈앞에 중국의 윈 형제의 사진이 보인다.

돈을 사랑치 말고 있는 바를 족한 줄로 알라

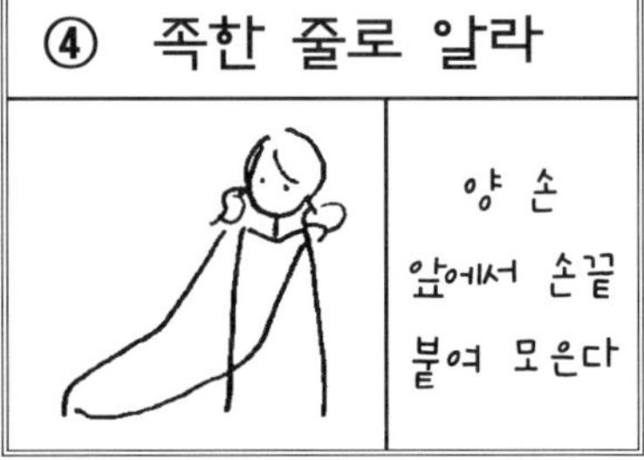

▨ **동작을 알아볼까요^^**

◇ **영1번** : 어떤 확고부동한 상태를 표현한 것입니다.

keep your lives free from the love of money
and be content with what you have

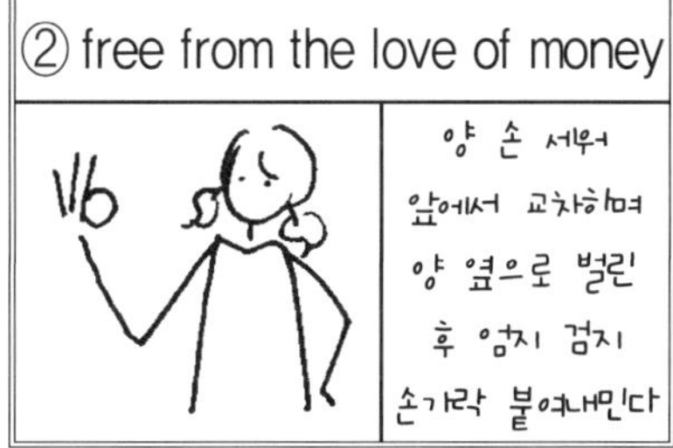

▧ 들어보세요!

우리말에 쌀 99가마 있는 사람이 한 가마 있는 사람 것을 욕심낸다는 말이 있다. 사람의 자기만족을 위한 심성을 잘 나타내 주는 속담인 거 같다. 사람의 만족은 어디까지 일까? 성경은 "있는 바를"이라고 그 선을 정해 준다. 어떤 집사님께서 자신이 어려움을 겪었기 때문에 어려움을 겪고 있는 사람들이 자신들의 어려움을 자기에게 호소하면서 어떻게 그 어려움을 이겼느냐고 질문을 한다는 것이다. 그러면 그 집사님은 이렇게 물어본다고 한다. 집사님 오늘 먹을 거 없어요? 옷 없어요?" "아니요, 있어요." "그럼 됐어요." 너무나 간단한 말이다. 그 집사님은 성경의 원리를 그대로 말해 주는 것뿐이다. 이 만족의 원천은 실제적으로 먹고 입을 것을 떠나서 바로 하나님을 신뢰하는 데서 시작한다. 이것으로 만족할 줄 아는 자는 설령 먹을 것과 입을 것이 없다 해도 하나님 한 분 그 자체만으로도 만족하며 살 것이다. 바로 이것을 위로로 삼는 자는 하나님께서 주시는 만족의 기쁨을 누리게 되는 것이다. 말은 쉬운데 우리의 육신이 약하다.

오직 선을 행함과 서로 나눠주기를 잊지 말라
이 같은 제사는 하나님이 기뻐하시느니라

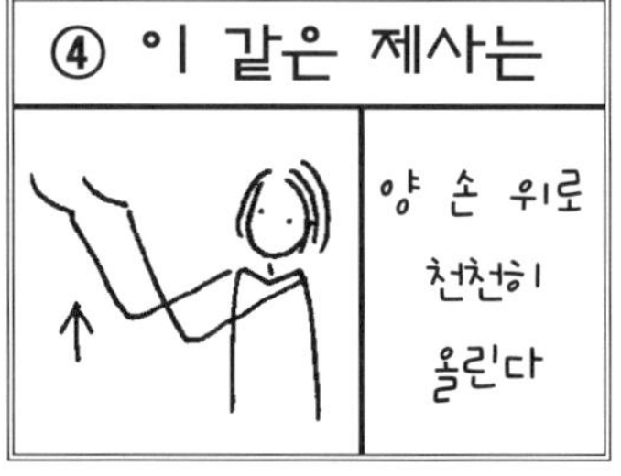

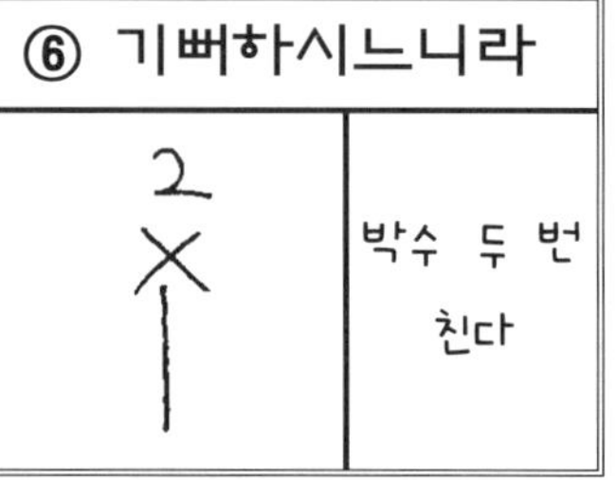

■ **동작을 알아볼까요^^**

◇ 다 아시겠죠!

Do not forget to do good and to share with others,
for with such sacrifices God is pleased

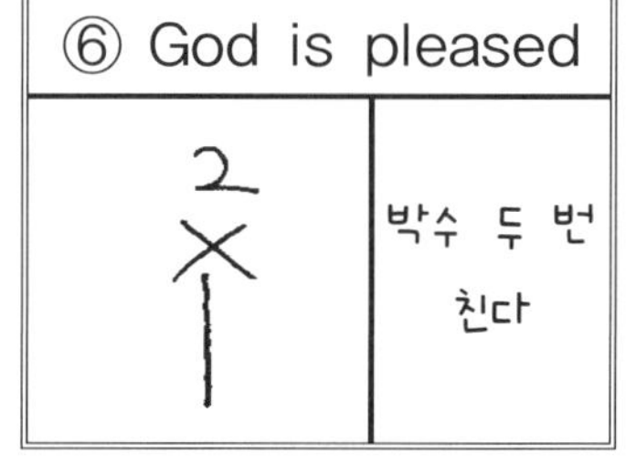

▦ **들어보세요!**

우리는 제사라는 것이 실감이 나지 않지만 성전 시대를 산 이 시대 사람들에게 있어서 제사는 그야말로 하나님을 섬기는 최고의 형태이다. 그런데 바로 선을 행함과 나눠 주는 것이 바로 이 제사로 표현되고 있다는 점이 흥미롭다. 곧 예수님 안에서 구속 받은 삶 자체가 이미 하나님께 드려진 것이기 때문이 아닌가 생각한다. 그 삶의 형태 중 이러한 행함들이 하나님이 기뻐하시는 것이다

사람마다
듣기는
속히 하고

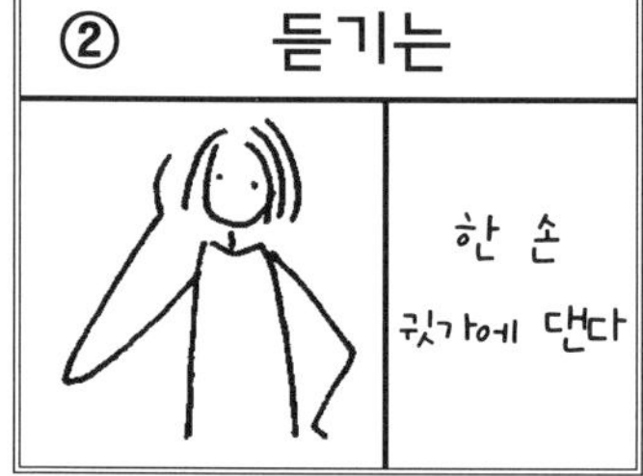

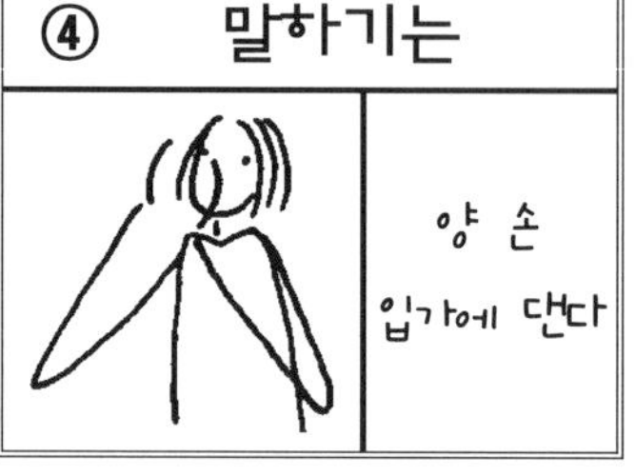

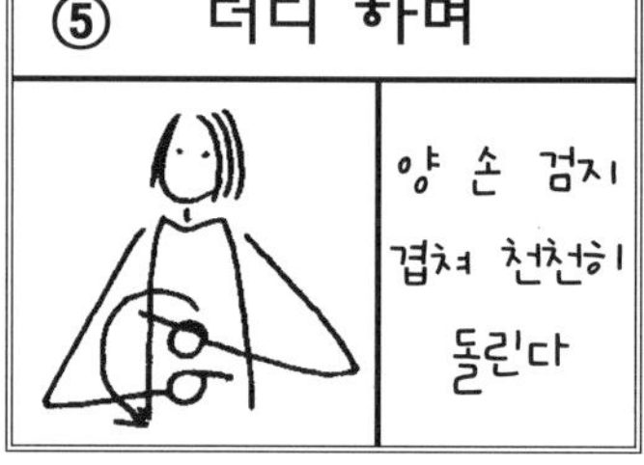

말하기는 더디 하며
성내기도
더디 하라

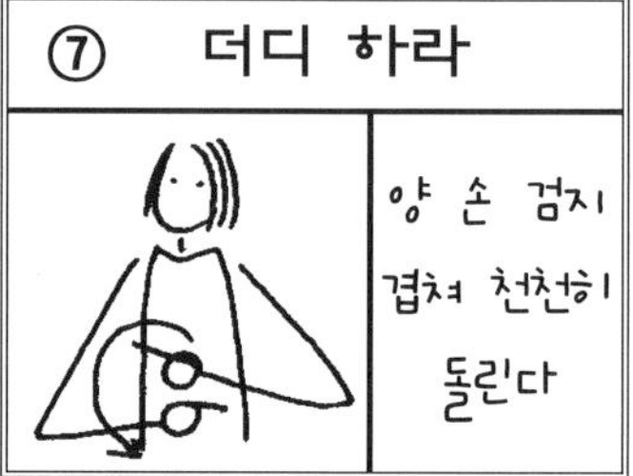

■ 동작을 알아볼까요^^

◇ 다 아시겠죠!

Everyone should be quick to listen

① Everyone

② should be quick

③ to listen

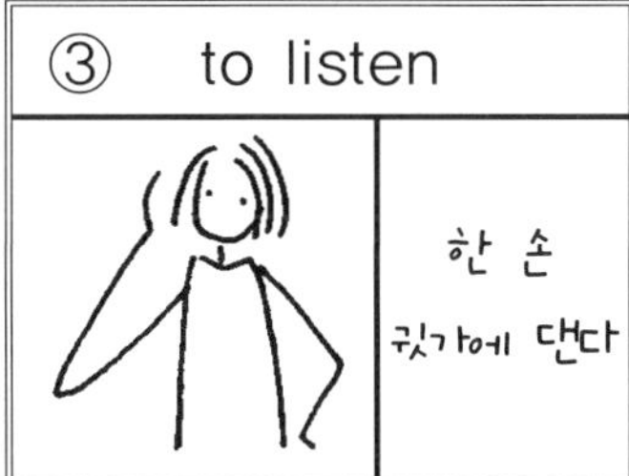

④ slow

⑤ to speak

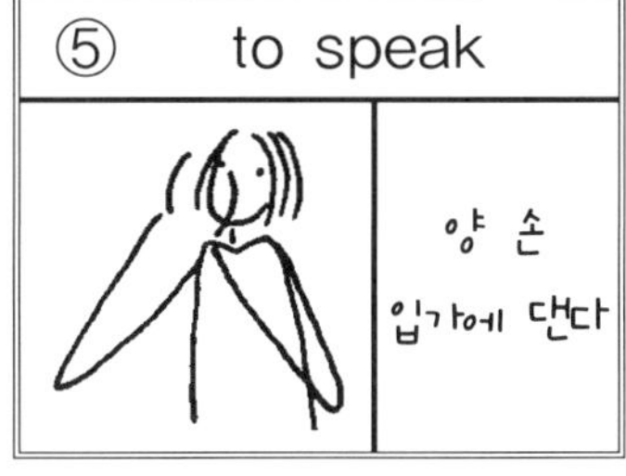

slow to speak and slow to become angry

⑥ and slow

⑦ to become angry

■ 들어보세요!

우리가 살아갈 때 하나님의 말씀대로만 살아간다면 우리에게 손해 볼 것이 없는데도 그게 잘 되질 않는다. 이 말씀도 마찬가지이다. 이 말씀을 생각해 보면 오히려 듣기는 더디 하고 말하기는 속히 하며 성내기도 속히 하는 청개구리 같은 나의 모습이 떠오른다. 우선 당장 눈앞에 보이는 대로 행동하기 십상인 우리들의 연약함 때문이다. 우리들은 예수님 때문에 죄 사함 받은 하나님의 자녀이지만 우리가 육신의 장막에 거하고 있는 한 육신의 연약함과 죄의 욕망에서 완전히 벗어날 수는 없다. 문제는 이러한 자신의 연약함들을 발견하고 단지 하나님 나라에 가는 그 날까지 죄와 싸우면서 주님의 말씀 앞에 자신을 쳐서 복종시키며 하루하루 살아가는 것이다. 성령님의 인도와 도우심으로.

주 앞에서 낮추라
그리하면 주께서 너희를 높이시리라

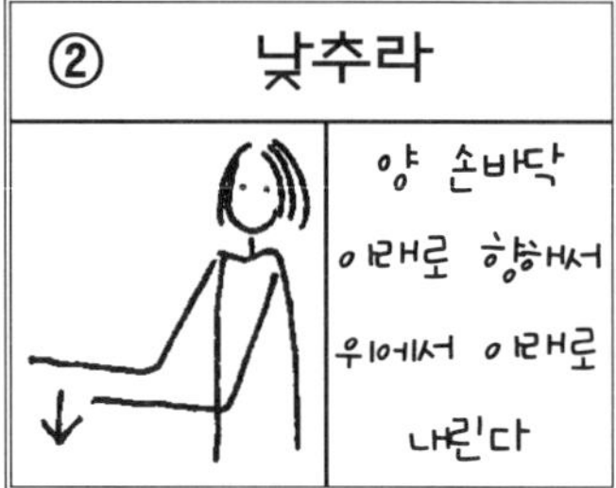

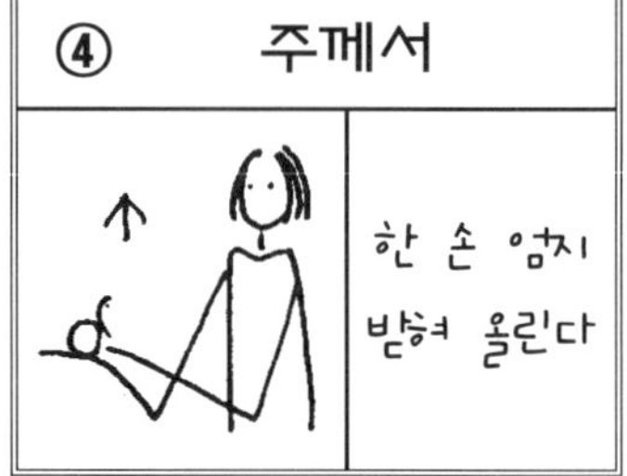

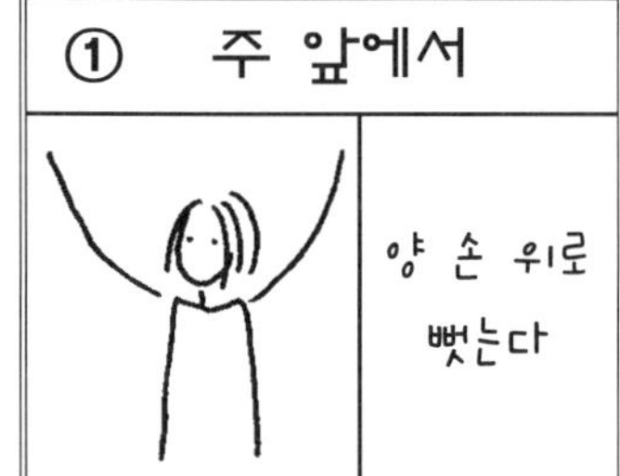

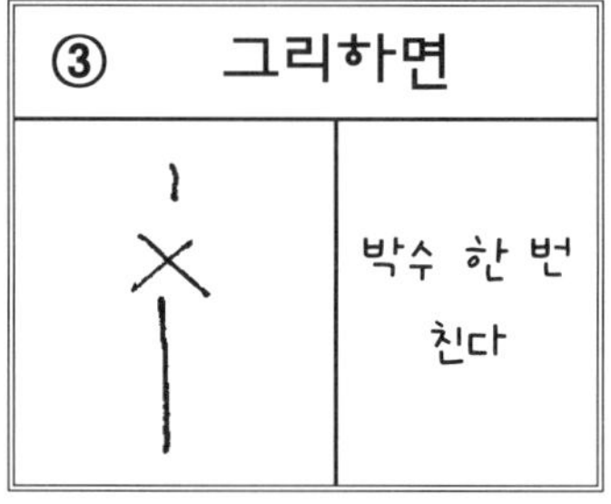

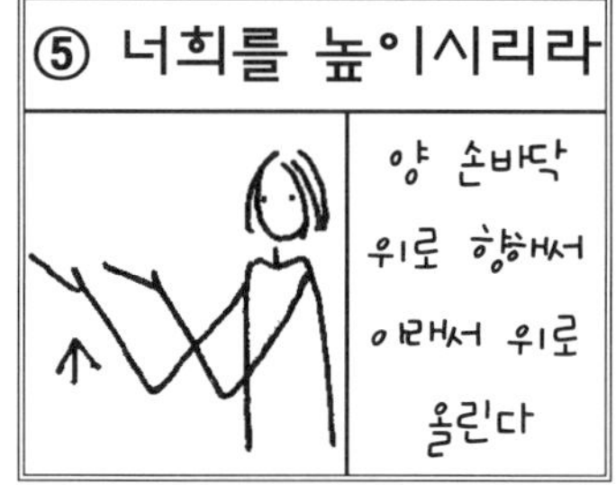

■ 동작을 알아볼까요^^

◇ 다 아시겠죠!

Humble yourselves before the Lord
and he will lift you up

■ **들어보세요!**

주 앞에서 낮춘다는 것, 자신은 피조물이며 하나님께서는 창조주이심을 기억하는 것이다. 그리고 결코 하나님의 은혜 없이는 살아갈 수 없다는 것을 고백하며 그분을 의뢰하며 살아가는 것이다. 주 앞에서 낮추지 않는 자는 결코 하나님의 은혜의 선물을 맛볼 수가 없다. 심령이 가난한 자와 같은 맥락이다. 뭔가 영적인 배고픔을 느끼는 자 그들은 예수님을 필요로 하게 되어 있고 그런 자들에게 예수님 안에서 만족으로 배부르게 채워주듯이 자신을 낮출 때 하나님께서는 그분의 은혜로 높혀 주신다.

너희 중에 고난당하는 자가 있느냐 그는 기도할 것이요

즐거워하는 자가 있느냐 그는 찬송할지니라

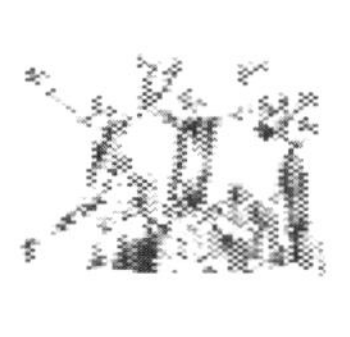

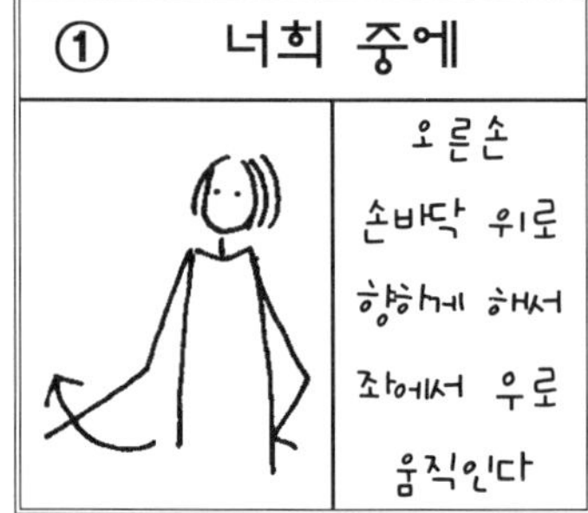

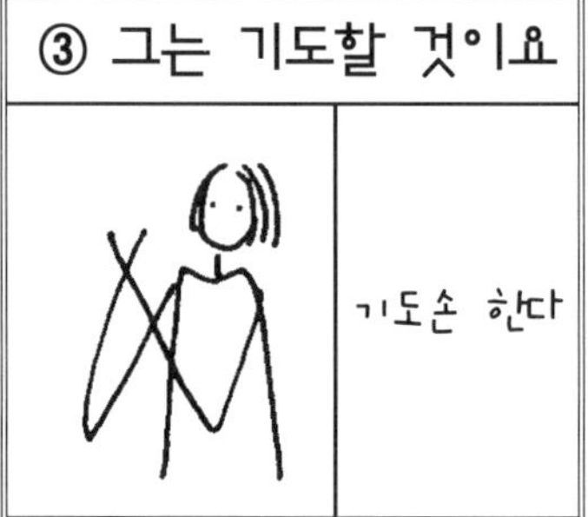

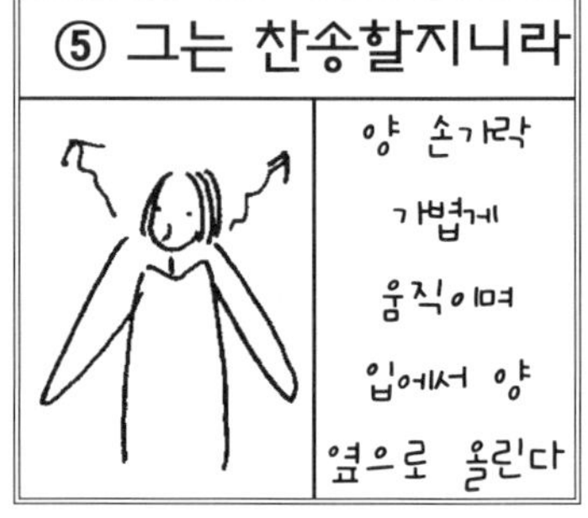

■ **동작을 알아볼까요^^**

◇ 다 아시겠죠!

Is anyone of you in trouble He should pray
Is anyone happy Let him sing songs of praise

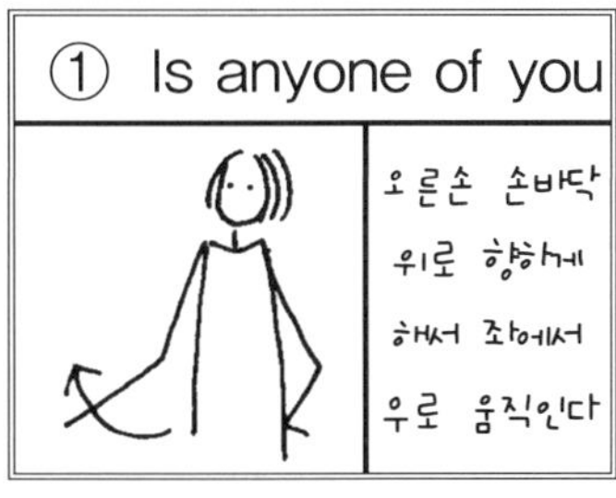

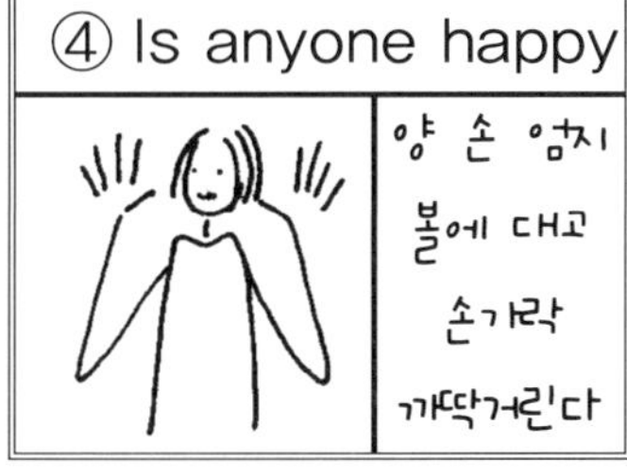

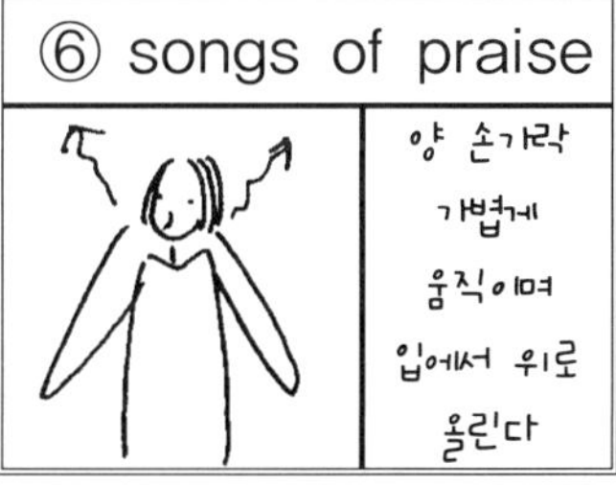

▓ **들어보세요!**

우리 크리스천들에게도 고난이 있다는 것은 누구나 다 인정하는 일이다. 그런데 고난을 당했을 때 반응은 크게 두 가지로 볼 수 있는데 신앙이 좋아지든지 나빠지든지 둘 중 하나이다. 그러나 이 말씀은 이러한 상황 가운데 기도할 것을 명령하고 있다. 우리가 고난을 이길 수 있는 힘의 원천이 하나님께 있기 때문이며 우리의 고난을 해결해 주실 분이 오직 하나님이시기 때문이다. 발등에 불이 떨어졌는데도 기도하지 않으면 편할 때는 어떨까?

선을 행함으로 고난 받는 것이 하나님의 뜻일진대
악을 행함으로 고난 받는 것보다 나으니라

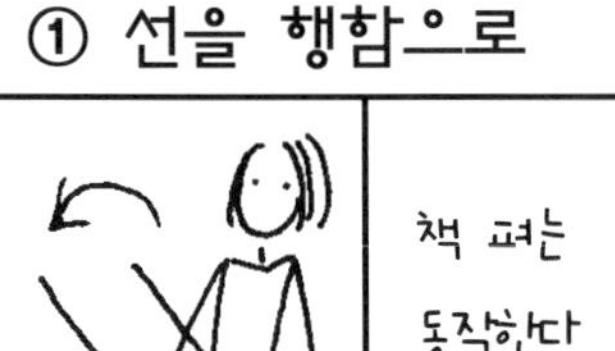

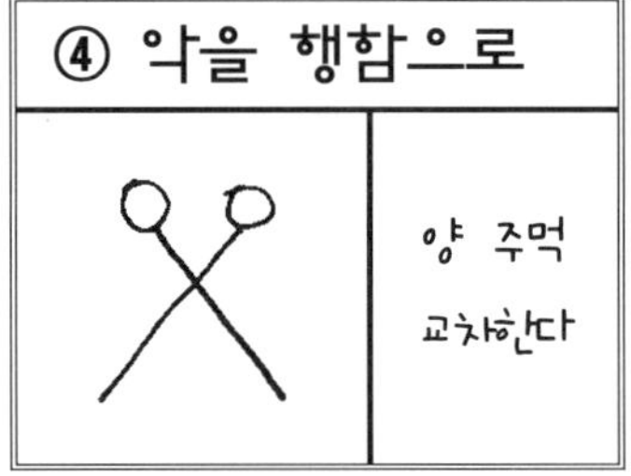

▦ **동작을 알아볼까요^^**

◇ 1번 (영4번) : 우리가 행해야 할 선이란 하나님의 말씀이기 때문입니다.

It is better if it is God's will to suffer
for doing good than for doing evil

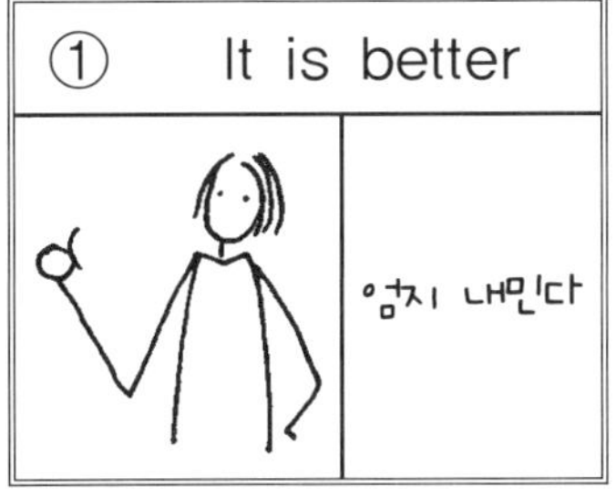

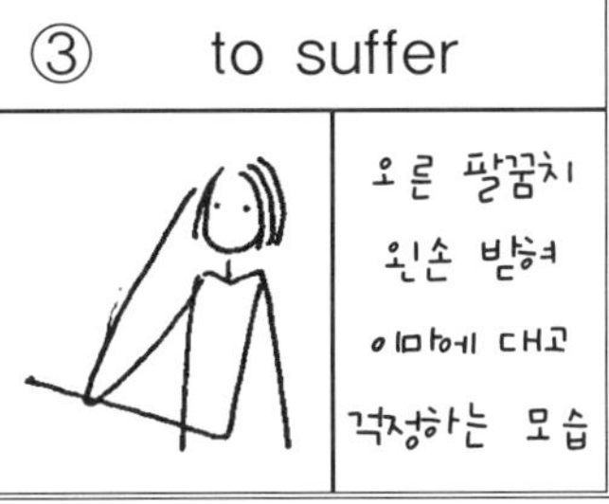

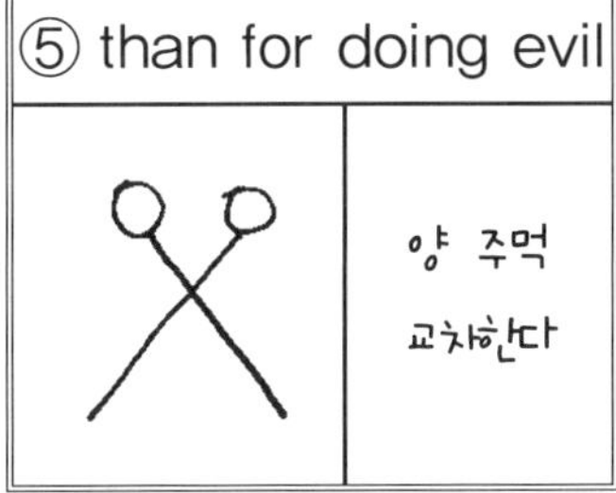

■ 들어보세요!

얼른 보면 선을 행하는데 왜 고난을 받을까 생각되지만 여기서 선이란 세상 사람들이 말하는 착한 일을 기준으로 한 것이 아니기 때문이다. 선이란 하나님의 말씀 안에 있는 것을 말한다. 우리는 하나님의 말씀대로 살다보면 우리 편에서는 선이지만 믿지 않는 사람들 가운데서는 우리들을 비방하는 비방거리가 되는 일도 있다. 예를 들어, 제사를 지내지 않는 일들을 보고 '믿는 것들은 예의가 없다. 조상도 몰라본다'는 구설수에 오르기도 한다. 암튼 크리스천들은 세상 사람들의 표적이 되는데 꼭 우리가 잘 못해서만 고난 받는 것은 아니다. 그러나 그것은 하나님의 뜻이며 악을 행해서 고난 받는 것보다 훨씬 낫다는 말이다.

무엇보다도 뜨겁게 서로 사랑할지니지

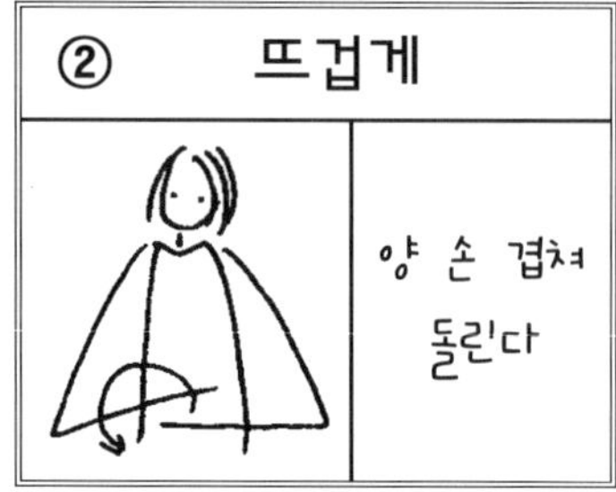

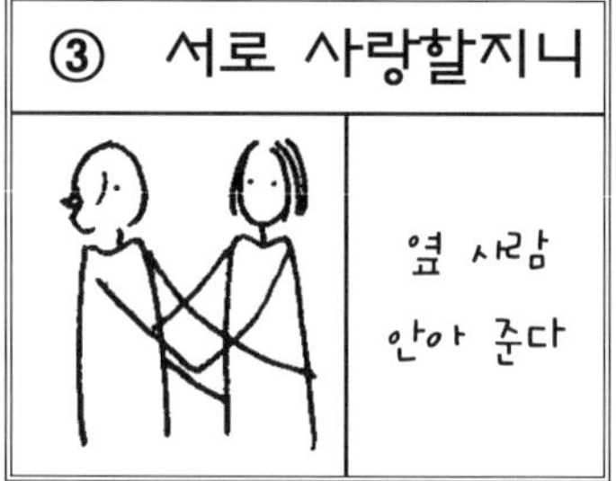

■ 동작을 알아볼까요^^

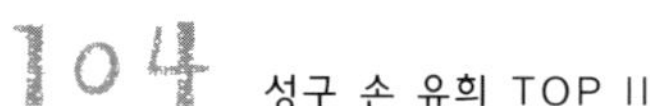

◇ 2번 (영3번) : 열심이란 자신의 힘과 노력을 일으켜야 하는 것이기 때문에 이 동작이면 괜찮겠죠? 영어로는 deeply라는 말이 '깊이' '철저히'라는 뜻이 있는데 그만큼 많이 사랑하라는 뜻으로 여기서는 많은 것을 나타내는 동작으로 표현했습니다.

Above all love each other deeply

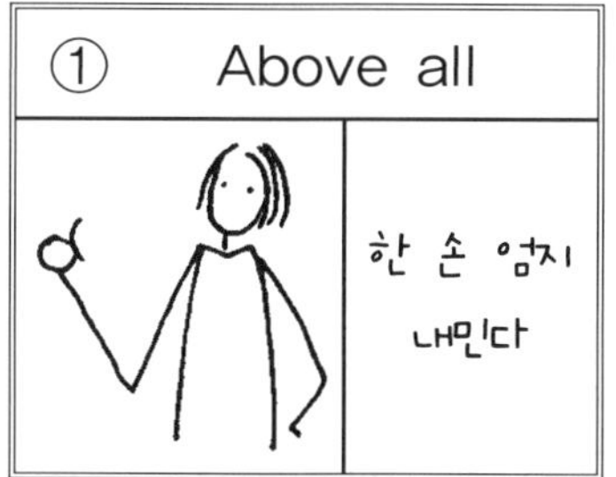

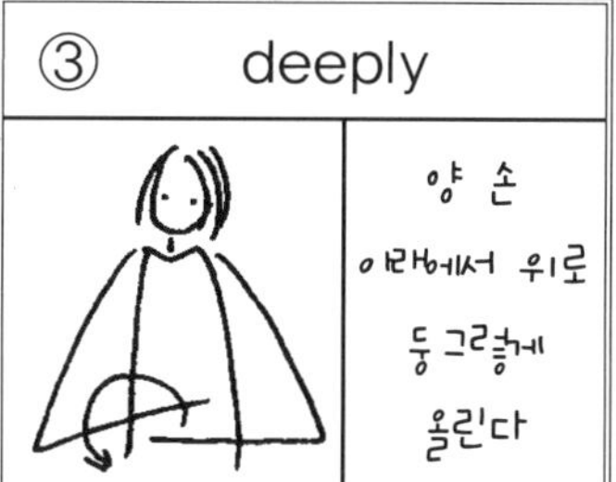

▨ **들어보세요!**

뜨겁게 사랑하는 것 사랑에도 열심이 필요하다. 사랑은 감정적인 부분도 있지만 그에 따른 행함적인 부분도 있다. 사람과 사람 사이도 그렇고 하나님을 사랑하는 것도 마찬가지이다. 그러기에 열심이 필요한 것 같다.

너희가 그리스도의 이름으로 치욕을 당하면
복 있는 자로다

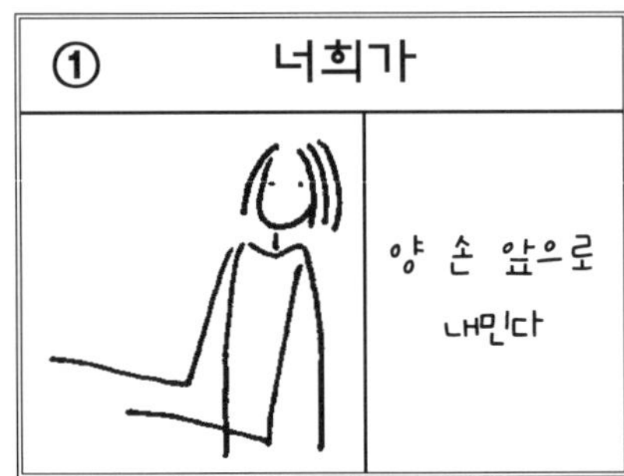

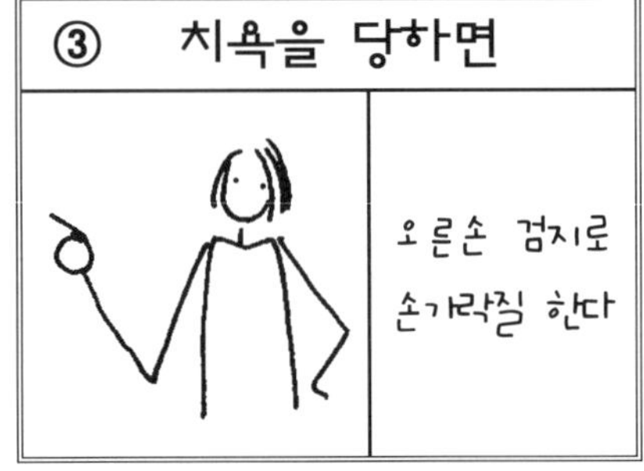

▨ 동작을 알아볼까요^^

◇ 다 아시겠죠!

If you are insulted because of the name of Christ you are blessed

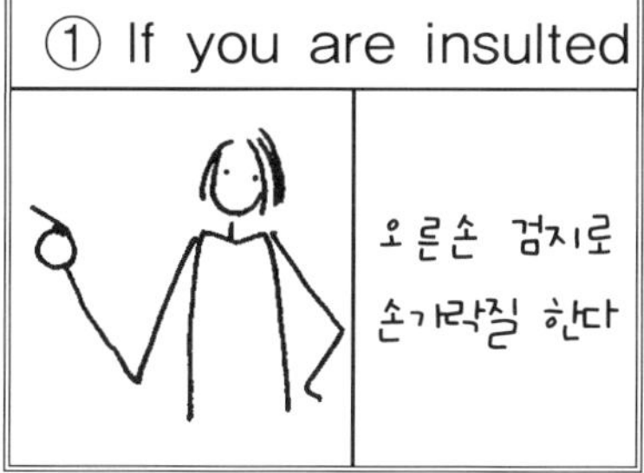

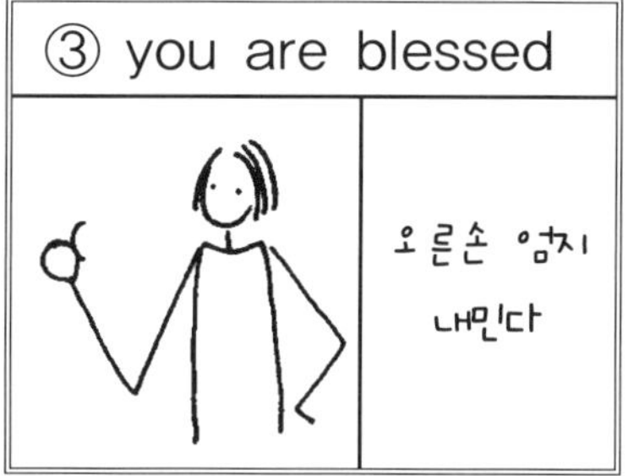

▦ **들어보세요!**

우리가 욕을 받는 것에는 두 가지 원인이 있을 수 있다. 하나는 자신이 잘못으로 인한 것이고 하나는 예수님의 이름 때문에 그런 경우이다. 옛날 우리 믿음의 선배들은 그것이 지나쳐 목숨까지도 내놓아야 하는 상황에 이른 것을 우리는 안다. 그러나 요즘 우리는 얼마나 내 자신이 예수님의 이름 때문에 욕을 먹는 일을 당연하게 생각하는지 돌아보자. 우리는 주일에 예배를 지키는 너무나 기본적인 일에도 쉽게 넘어지고 예수님의 이름 때문에 조금도 손해 보려고 하지 않는 이기적인 면은 없는지....예수님의 이름 때문에 욕을 먹는 것이 복이라니 정말 우리가 좋아하는 복의 내용과는 거리가 먼 것 같다. 하지만 이건 진리다. 그러니 우리가 좋아하지 않는다고 해도 어쩔 수 없다.

너희 염려를 다 주께 맡기라
이는 그가 너희를 돌보심이라

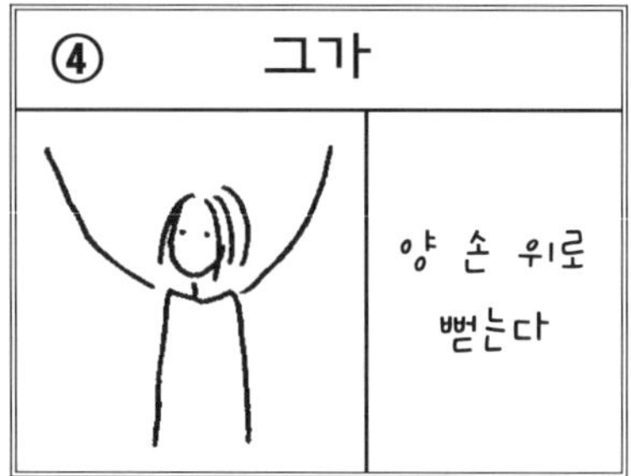

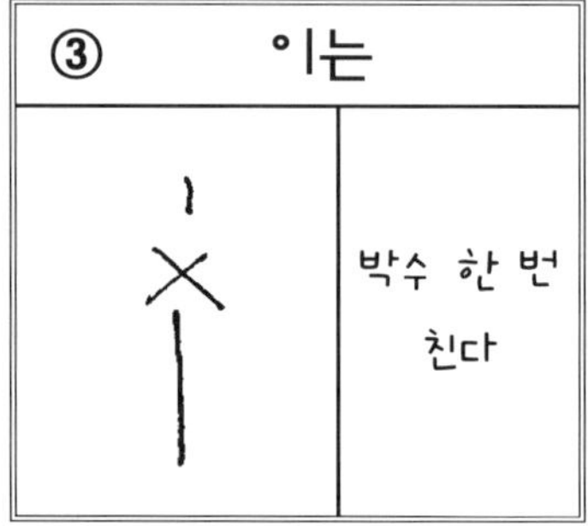

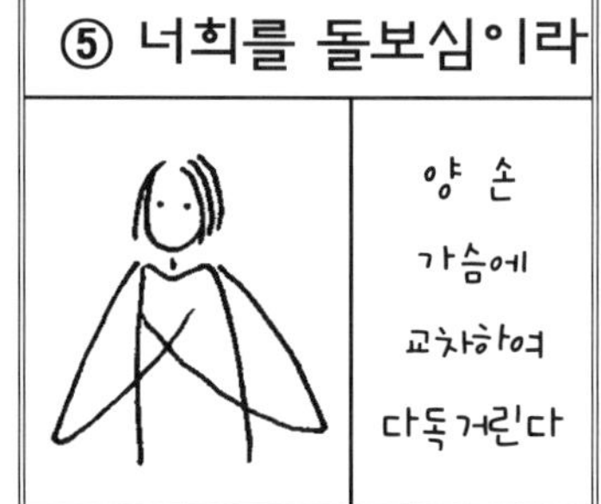

▦ 동작을 알아볼까요^^

◇ 2번 (영1번) : 기도는 하나님께 맡기는 수단이기 때문이죠.

Cast all your anxiety on him
because he cars for you

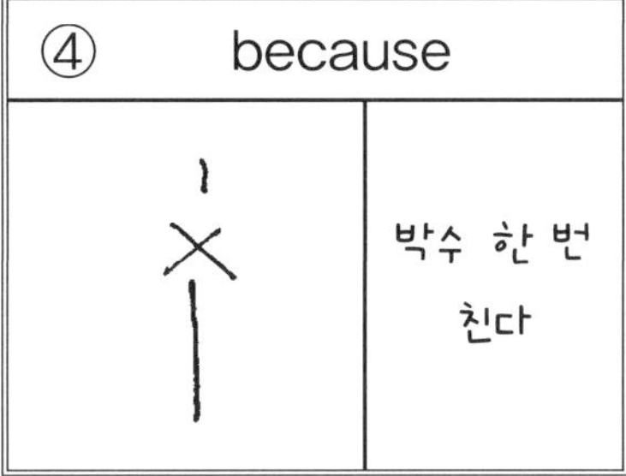

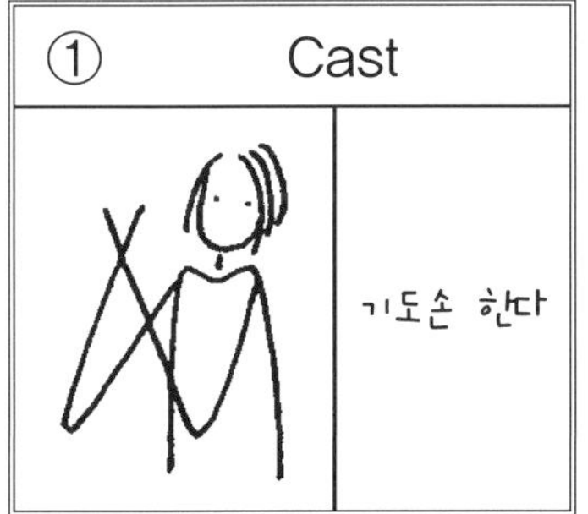

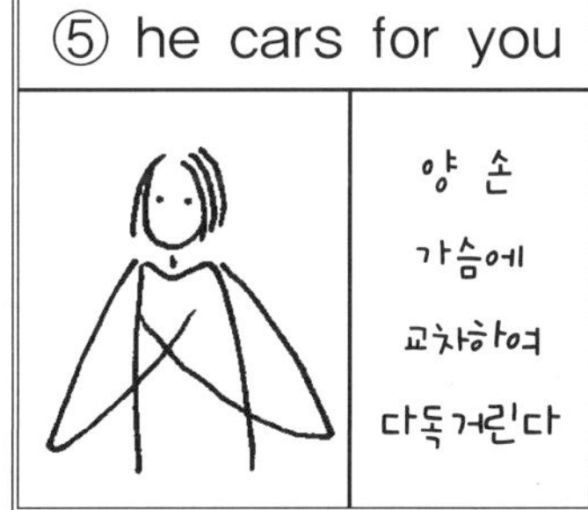

■ **들어보세요!**

염려란 어떤 행위적인 문제가 아니고 마음의 상태를 말하는 것이다. 이것은 어떤 것에 대해 관심을 가지고 걱정하는 것을 말한다. 염려에 대한 언급은 성경 여러 곳에서 찾아볼 수 있는데 사실 우리가 살아가는 데 있어서 염려라는 것 안 할 수가 없는 것이다. 여기서 염려는 자연 세상적인 염려들이다. 이 염려는 하나님의 백성으로 살아가는 데 있어서 불필요한 것이다. 하나님은 어떤 분이신가? 우리를 돌보시는 분이시다. 목자처럼 말이다. 그렇기 때문에 우리의 염려를 하나님께 맡길 정당한 이유가 되는 것이다. 우리는 '전능하사 천지를 만드신 하나님을 내가 믿사오며'라고 자주 고백한다. 그것이 진실이라면 염려에 대한 문제의 해결은 간단하다. 염려를 하나님께 맡긴다는 것, 돈도 안 드는 정말 간단한 일이다. 그러나 이것에 익숙하지 않은 것이 우리의 모습이다. 그렇다고 체념한다거나 무책임하게 살아가는 것을 말하는 것은 아니다. 하나님께 염려를 맡긴다고 해서 우리의 상황이 변하는 것은 아니다. 우리는 그 염려로부터 자유로워지는 것이다.

그의 계명은 이것이니 곧 그 아들 예수그리스도의 이름을 믿고
그가 우리에게 주신 계명대로 서로 사랑할 것이니라

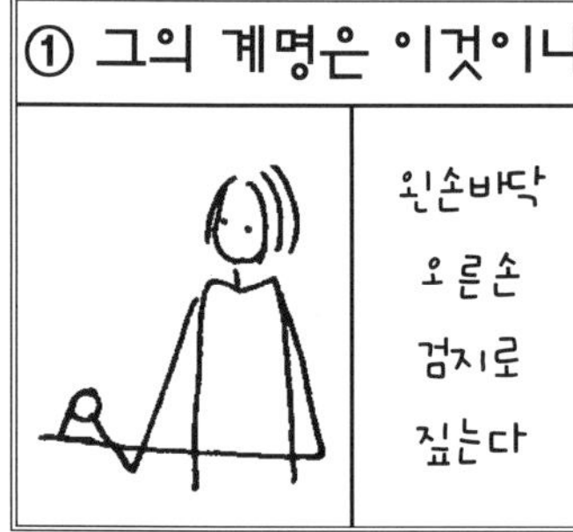

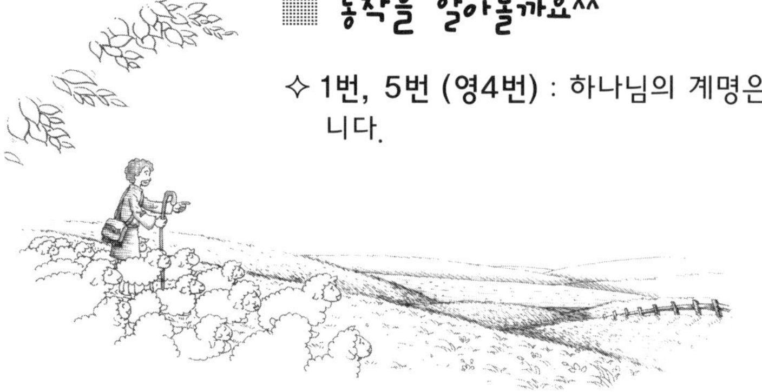

■ **동작을 알아볼까요^^**

◇ 1번, 5번 (영4번) : 하나님의 계명은 바로 말씀 가운데 있기 때문입니다.

And this is his command:
to believe in the name of his Son, Jesus Christ,
and to love one another as he commanded us

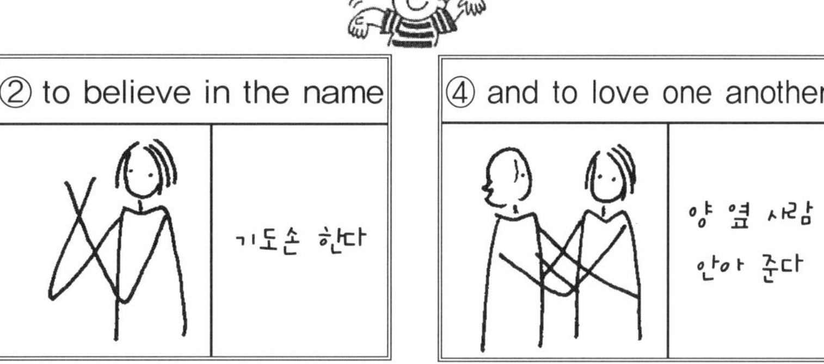

▦ **들어보세요!**

하나님의 계명, 계명은 반드시 해야 할 일이다. 즉 명령이다. 예수님을 믿어야 하는 것은 곧 하나님의 명령이다. 어떤 선택이 아니다. 그리고 그 명령대로 서로 사랑하는 것이다. 하나님을 섬기고 사는 최종적인 형태는 바로 사랑이라고 생각한다. 그것이 바로 열매이다. 이 열매를 맺기 위해 오늘도 나 자신과의 싸움을 잘 싸워야 할 숙제가 남아 있다. 성령님과 함께 말이다.

자녀들아 너희 자신을 우상에서 멀리하라

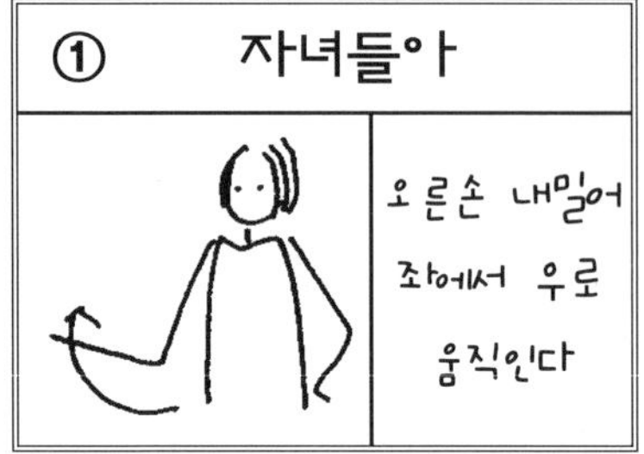

▦ **동작을 알아볼까요^^**

◇ 다 아시겠죠!

Dear children, keep yourselves from idols

▓ **들어보세요!**

나는 내가 하나님을 섬긴다는 것을 떠나서 상식적으로 우상을 섬기는 사람들이 이해가 가질 않았다. 때려도 꼼짝하지 못하는 나무 덩어리가 돌덩어리가 무슨 힘이 있다고 그것들에게 절하는지 정말 어리석다는 생각을 했었다. 그런데 그것에 대한 해답은 찾은 곳이 있다. 성경에 보면 우상숭배자들에 대한 어리석음이 소개되어진다. 이사야 44장 18절이 그 답이다. "그들이 알지도 못하고 깨닫지도 못함은 그 눈이 가리어져서 보지 못하며 그 마음이 어두워져서 깨닫지 못함이라." 나의 상식은 하나님께서 만들어 주신 것이었다. 하나님께서 나의 눈을 열어주지 않았다면 하나님께서 깨닫게 해주시지 않았다면 나도 그들과 똑같은 자였을 것을. 나에게 이러한 상식을 주신 하나님을 찬양할 뿐이다. 오늘도 선교 현장에서 이러한 상식들이 생겨나길 기도한다.

믿음

믿고 세례를 받는 사람은 구원을 얻을 것이요
믿지 않는 사람은 정죄를 받으리라

④ 믿지 않는 사람은

② 세례를 받는 사람은

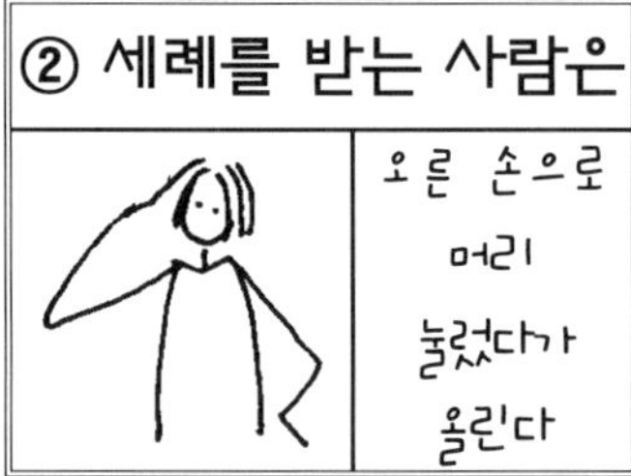

⑤ 정죄를

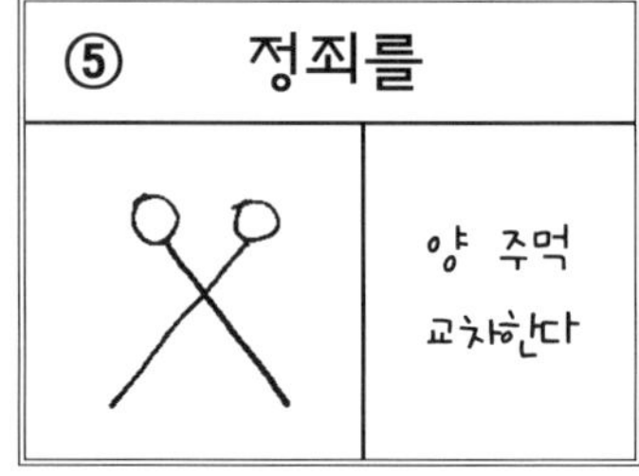

① 믿고

③ 구원을 얻을 것이요

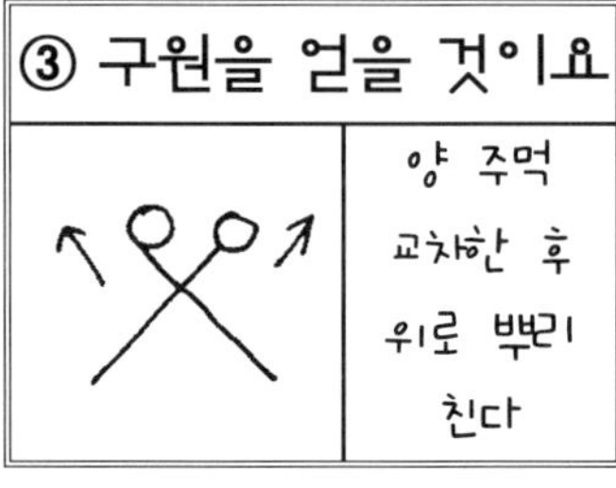

⑥ 받으리라

▣ **동작을 알아볼까요^^**

◇ 다 이해되시죠!

Whoever believes
and is baptized will be saved,
but whoever does not believe
will be condemned

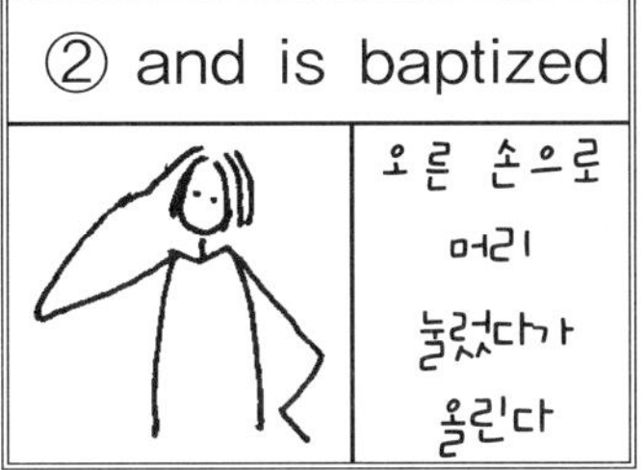

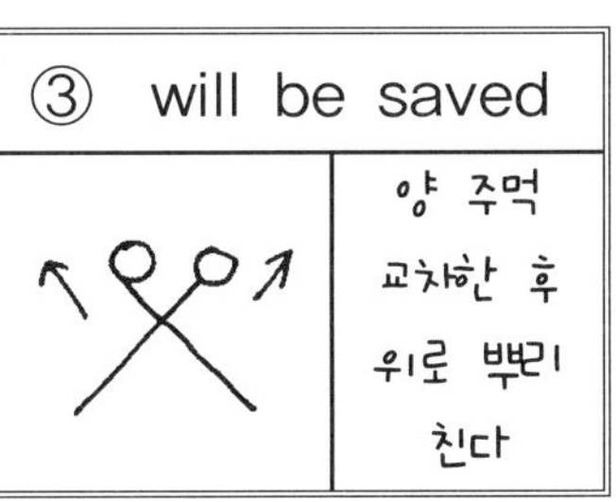

▨ **들어보세요!**

죄가 여러 가지가 많지만 예수님을 믿지 않는 것부터가 죄라는 말이다. 사실 이 죄 때문에 모든 죄가 살아나는 것이다. 그러나 예수님만 믿으면 모든 죄들이 죽게 되어 죄 가운데서 건짐을 받는 것이다. 믿지 않는 자들은 지금은 잘 살고 있을지 몰라도 반드시 심판을 면할 수가 없게 된다. 이것이 하나님의 법인 걸 어찌 하리요!

하나님께서 보내신 이를 믿는 것이 하나님의 일이니라

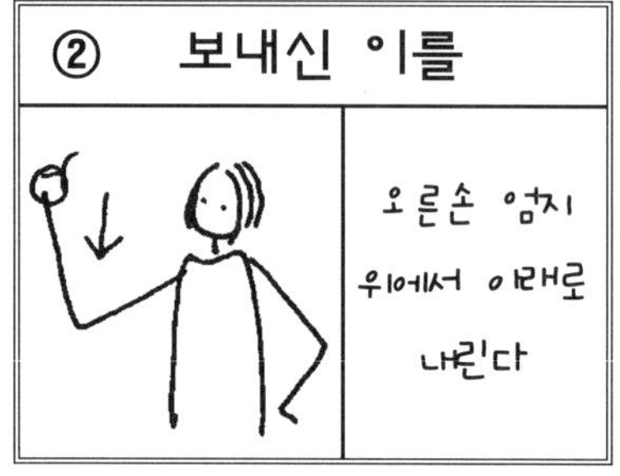

■ 동작을 알아볼까요^^

◇ 2번 (영3번) : 하나님께서 보내신 이는 바로 예수님을 말하는 거죠.

The work of God is this:
to believe in the one he has sent

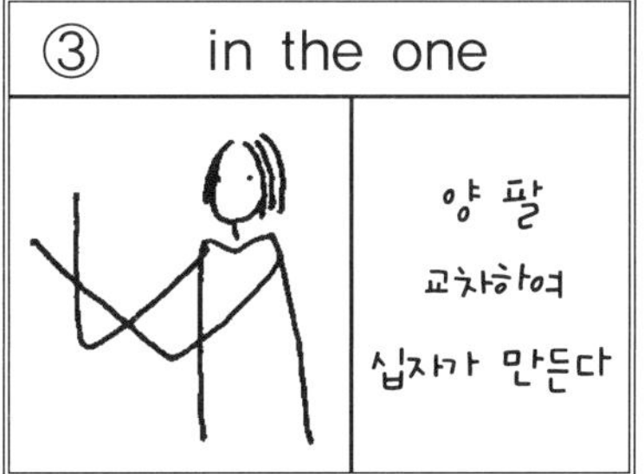

■ 들어보세요!

이 말씀은 "우리가 어떻게 하여야 하나님의 일을 하오리까?"라는 제자들의 질문에 대한 답변이다. 우리는 하나님의 일을 하면 내가 뭔가를 해내는 것을 생각하는데 참 이런 게 하나님의 일이었다. 예수님을 믿는 자들은 이미 하나님의 일을 잘 하고 있는 샘이다. 사실 우리가 하나님의 일을 한다고 이러니 저러니 하는 것은 예수님을 믿기 때문에 가능한 것이고 그것 또한 우리 힘으로 하는 것이 아니기에 예수님을 믿는 것이 하나님의 일이라는 말은 의미심장한 말이다. 하나님 앞에서 중요한 것은 뭔가를 행하는 것이 먼저가 아니고 어떤 존재가 되느냐의 문제이다. 하나님께서는 하나님께서 원하는 존재가 되는 것을 곧 행함으로까지 봐 주신다. 그러기 때문에 우리는 늘 내가 누구인가를 바로 파악하는 정체성에 따른 존재의식을 가지고 사는 것이 중요한 것 같다.

보지 못하고 믿는 자는 복되도다

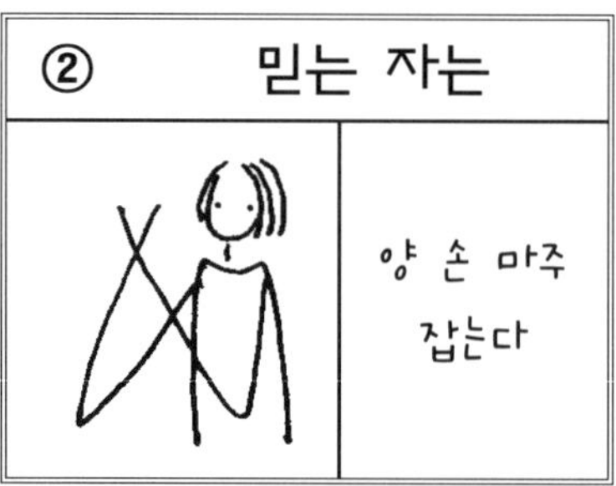

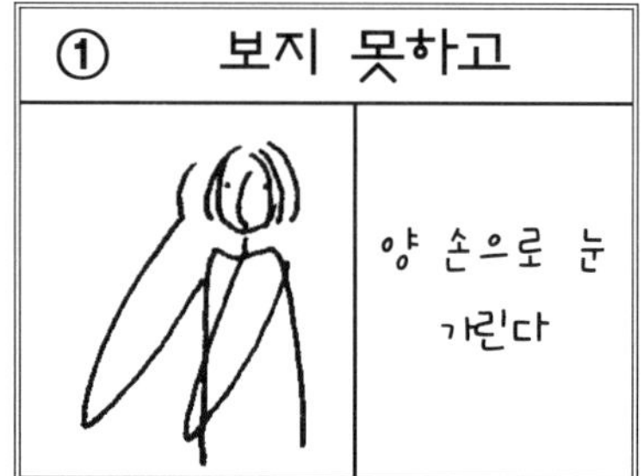

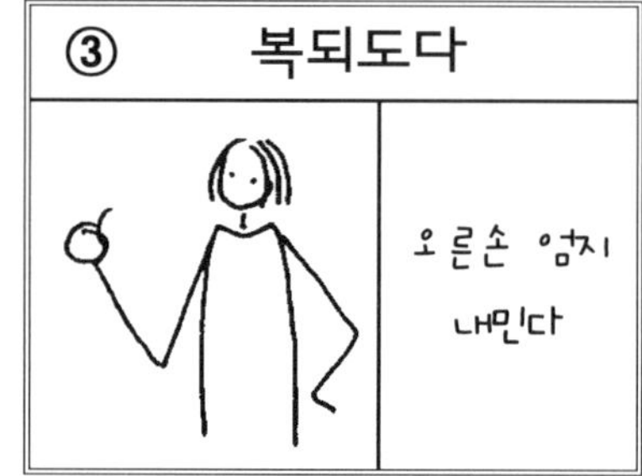

▦ **동작을 알아볼까요^^**

◇ 다 이해되시죠!

blessed are those who have not seen
and yet have believed

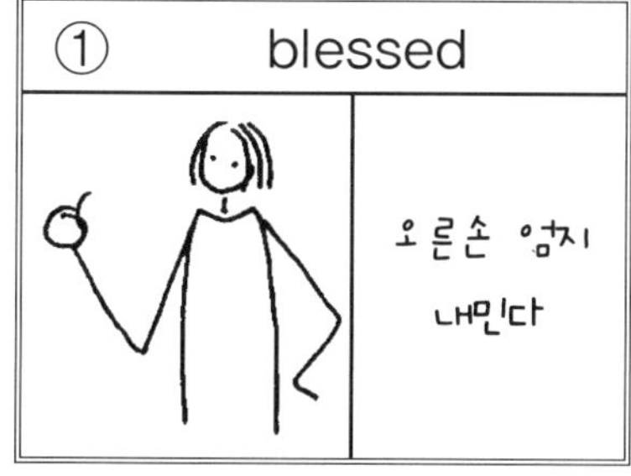

■ 들어보세요!

다시 살아난 예수님을 만져 보고야 믿은 도마를 보고 예수님께서 하시는 말씀이다. 사실 보지 못하니깐 믿음이 필요한 것이다. 어느 날 새로 교회에 온 아이들에게 복음을 전하고 난 후 예수님을 믿겠느냐고 물어보니깐 믿는다고 대답하였다. 그 순간 내 마음 속에 '이렇게 황당한 얘기가 믿어지다니 기적이다'라는 생각이 떠올랐다. 정말 예수님의 이야기는 인간적인 생각으로 보자면 정말 황당한 이야기이다. 하지만 우리는 이것이 믿어진다. 이걸 보면 우리 힘으로 믿는 게 아니라는 것이 증명이 된다. 이렇듯 도마를 통하여 보지 못하고 믿는 믿음이 얼마나 소중한 것인가를 보여주신다. 이렇게 보지 못하고 믿는 소중한 믿음을 주신 하나님께 감사하자.

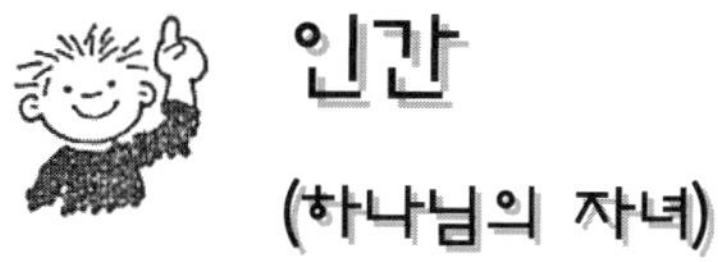

인간
(하나님의 자녀)

부지런한 자의 손은 사람을 다스리게 되어도
게으른 자는 부림을 받느니라

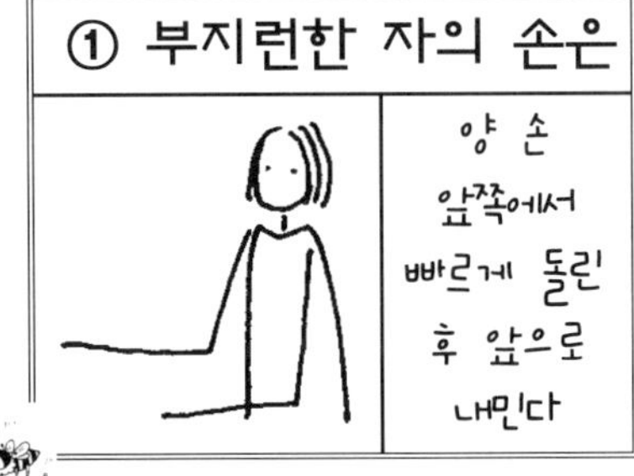

▓ **동작을 알아볼까요^^**

◇ 4번 (영5번) : 영어로 노예적인 노동자 계급이 된다는 뜻이므로 일하는 동작으로 표현했어요.

Diligent hands will rule
but laziness ends in slave labor

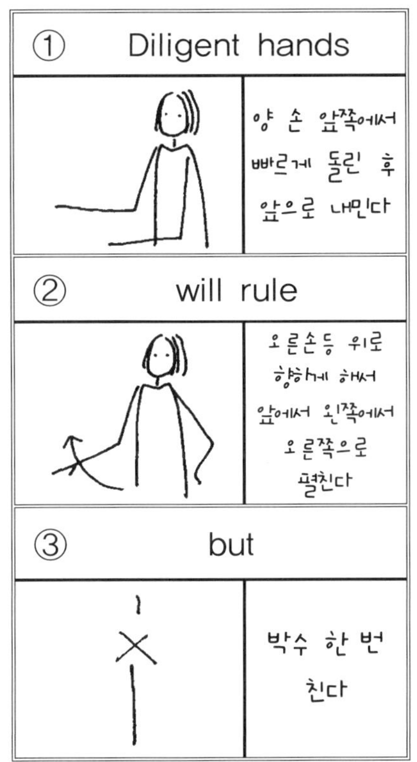

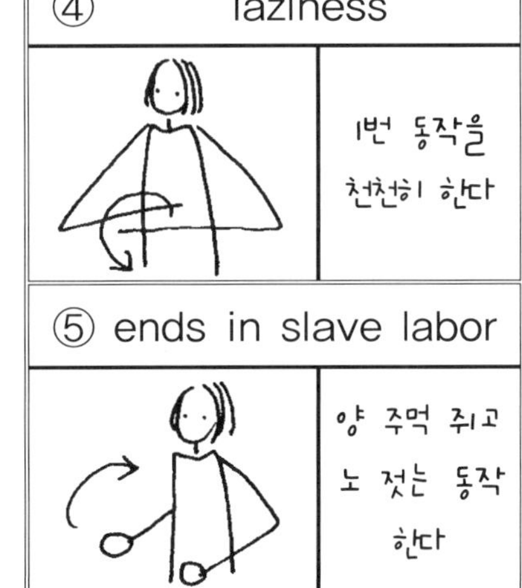

▨ **들어보세요!**

사람의 본성이 부지런함보다는 게으름을 더 좋아하는 경향이 있는데 부지런함에는 많은 힘든 것을 이겨내야 함이 필요고, 게으름은 우선 당장 편하기 때문인 것 같다. 허나 그 결과는 판이하게 다르다 하난 다스리고 하난 다스림을 받게 되고. 아마 두 번째 결과를 좋아할 사람은 하나도 없을 것이다. 한 마디로 호랑이 가죽은 탐나고 발톱은 무서운 것이다. 하나님께서는 우리 크리스천들이 부지런 할 것을 요구하신다. 우리의 생활은 물론 하나님을 섬기는 일에 있어서도 말이다. 이런 사람을 보았다. 자신의 육신의 건강을 위해서 하루에 한 시간씩 걷기도 하고 또 아침 일찍 일어나 좋은 시설의 사우나 찜질방에 가서 목욕을 한다. 참 부지런하다. 그러나 새벽기도는 한 번도 참석하지 않는 사람이 있다. 그 사람도 역시 자신이 크리스천이라고 생각하고 있다. 다스린다는 것은 꼭 높은 위치에 있다는 것만을 말하는 것은 아니다. 그만큼 풍요로움을 누리게 된다는 것이다. 영적인 것도 마찬가지이다. 신앙생활과 부지런함은 뗄레야 뗄 수 없는 관계에 있다.

유순한 대답은 분노를 쉬게 하여도
과격한 말은 노를 격동하느니라

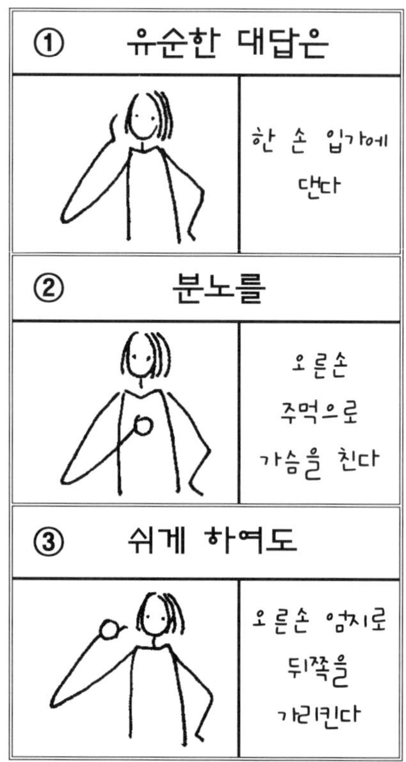

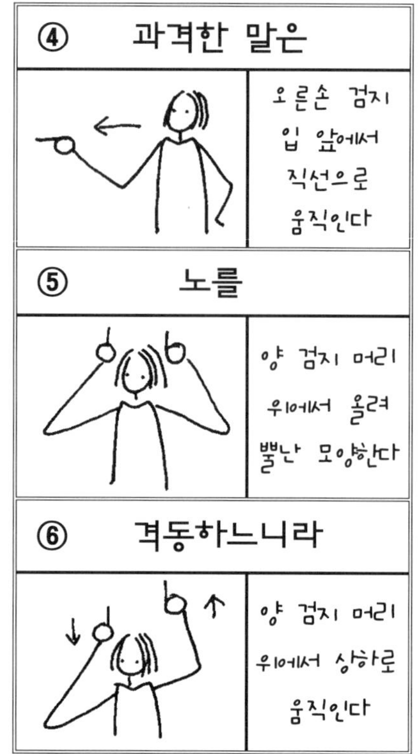

▧ **동작을 알아볼까요^^**

◇ 3번 (영2번) : 떠나가게 한다는 뜻으로 지나가서 없어졌다는 표현의 엄지로 뒤를 가리킵니다.

◇ 6번 : 노가 일어난다는 뜻으로 위 아래로 움직이는 동작입니다.

A gentle answer turns away wrath
but a harsh word stirs up anger

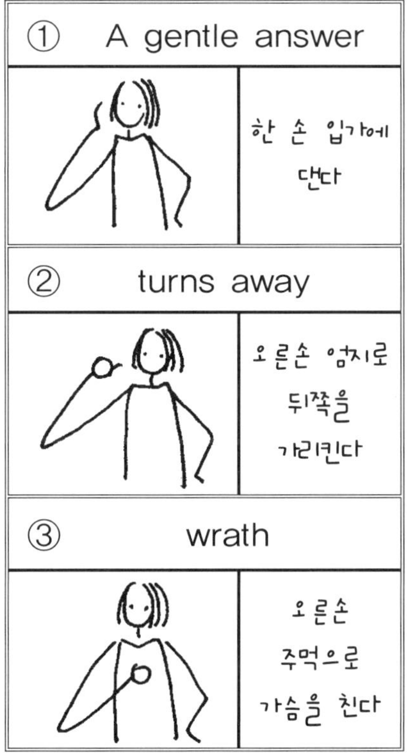

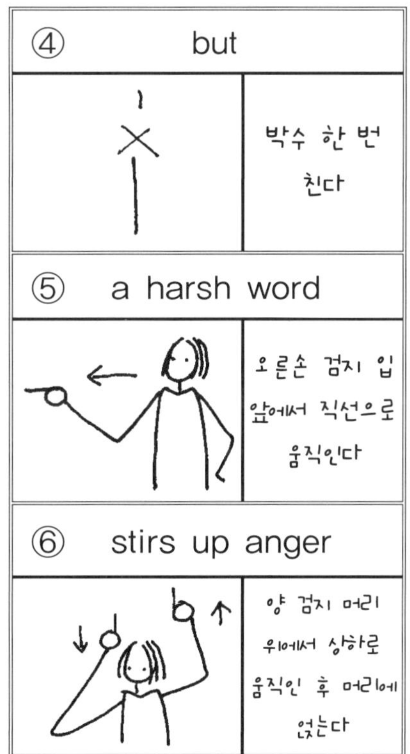

■ 들어보세요!

우리말에 '아' 다르고 '어' 다르다는 말이 있다. 같은 말이라도 어떻게 하느냐에 따라 사람의 기분이 달라진다는 뜻으로 말의 중함을 나타내주는 말이다. 세상 사람들도 그러는데 하물며 우리 하나님의 백성들이야 어떻겠는가? 말이란 것은 사람을 살리기도 하고 죽이기도 하는 무서운 힘이 있다. 그런데 이것을 알면서도 잘 되질 않는 것이 우리의 연약한 모습이다. 별로 돈 드는 것도 아닌데 우선 당장 기분을 참지 못해 말로 다른 사람의 마음을 아프게 하고 돌아서면 또 후회하고. 다른 사람이 나에게는 그렇게 해주길 바라면서 정작 내가 그렇게 하기는 쉽지 않은 것 같다. 그러기에 우리는 끊임없이 나 자신이 변화되기를 기도하며 하나님 앞에 무릎을 꿇을 수밖에 없다. 이것도 하나님께서 우리에게 원하시는 삶의 모습이니까.

마음의 즐거움은 얼굴을 빛나게 하여도
마음의 근심은 심령을 상하게 하느니라

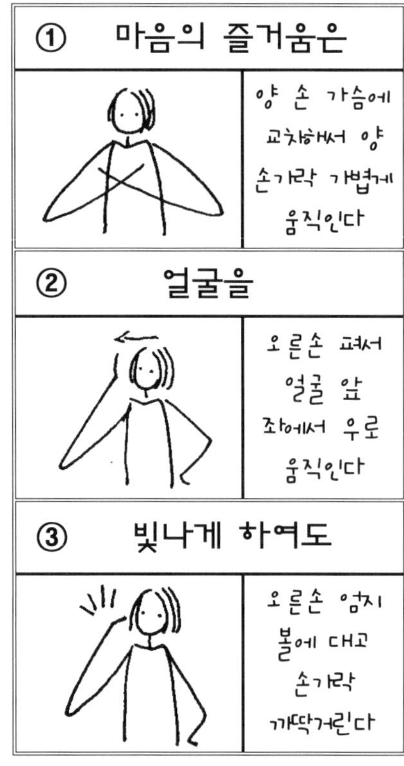

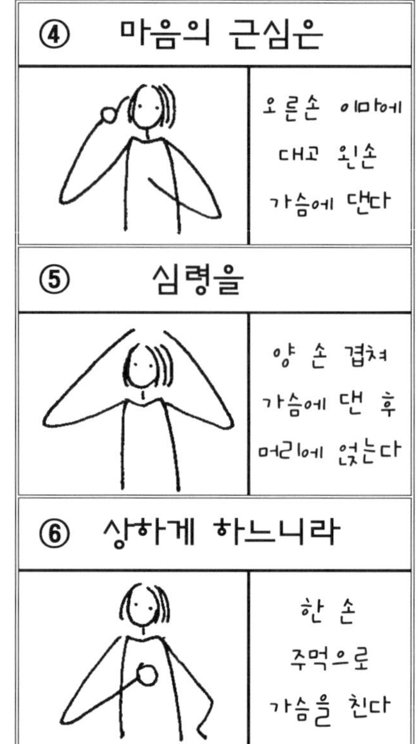

▩ **동작을 알아볼까요^^**

◇ 6번 (영5번) : 우리나라 번역으로 상하게 한다는 말은 영어로 '눌러서 뭉갠다'는 뜻이 있어요. 좀 실감이 나죠?

A happy heart make the face cheerful

but heartache crushes the spirit

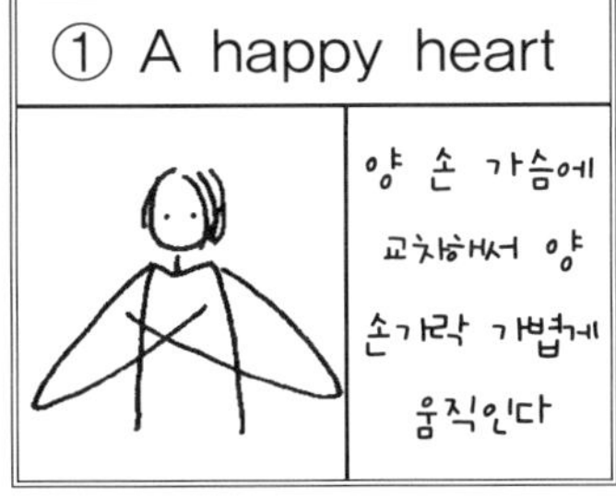

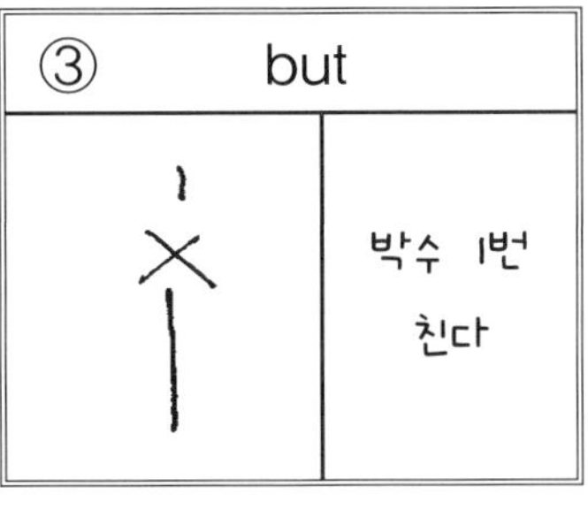

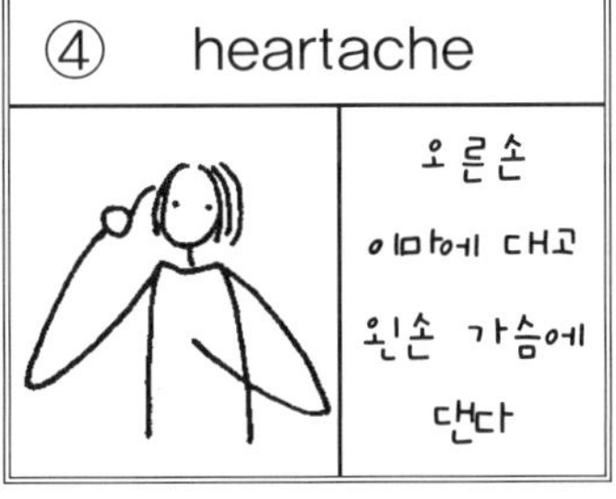

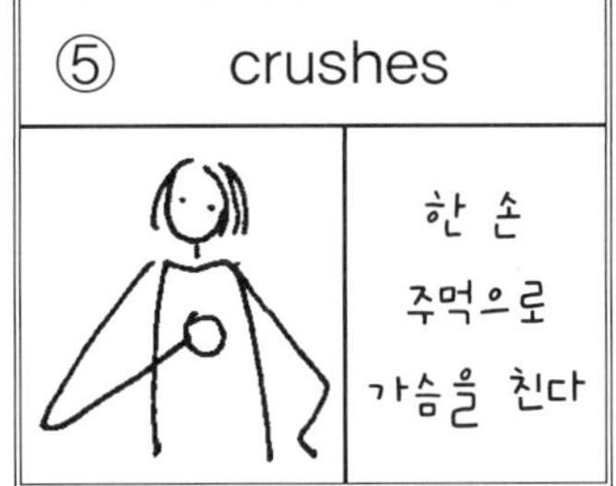

▨ **들어보세요!**

요즘 얼짱이 유행이다. 사람들은 얼짱이 되기 위해 돈을 아끼지 않고 무지 애를 쓰며 그들을 부러워한다. 물론 얼굴 때문에 서러움을 겪는 사람들의 심정 충분히 이해가 간다. 문제는 사회 전반에 흐르는 생각인 것 같다. 자꾸 외형적인 것으로 사람을 판단해 버리는 가치관이다. 그러다 보니 허세는 자연히 생기는 결과가 된다. 하지만 우리 크리스천들은 좀 달라야 하지 않나 생각한다. 왜냐하면 하나님께서는 얼짱에 신경 쓰시지 않기 때문이다. 얼굴과 우리의 감정은 밀접한 관계를 가지고 있는데 우리는 흔히 '얼굴에 써 있다'라는 말을 한다. 얼굴은 하나님께서 주신 또 다른 언어인 것 같다. 행복한 마음 어떻게 가질 수 있을까? 자동차를 사면 한 달은 행복하고, 집을 사면 6개월, 결혼을 하면 1년은 행복하다던데, 세상의 행복은 만족이 없다는 재미있는 이야기다. 행복한 마음 이것이 진짜 얼짱을 만든다. 하나님께서 주신 행복으로 우리의 얼굴을 성형수술 하면 어떨까?

하나님을 경외하고 그 명령을 지킬지어다
이것이 사람의 본분이니라

② 그 명령을 지킬지어다	④ 사람의

① 하나님을 경외하고	③ 이것이	⑤ 본분이니라

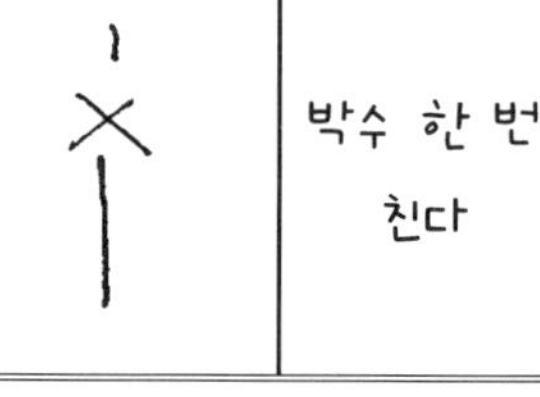

▦ **동작을 알아볼까요^^**

◇ 5번 (영4번) : 제일 가치 있는 것이란 말이죠.

Fear God and keep his commandments
for this is the whole duty of man

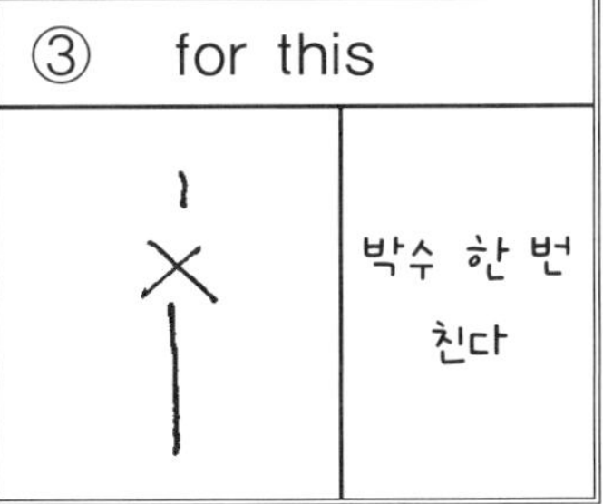

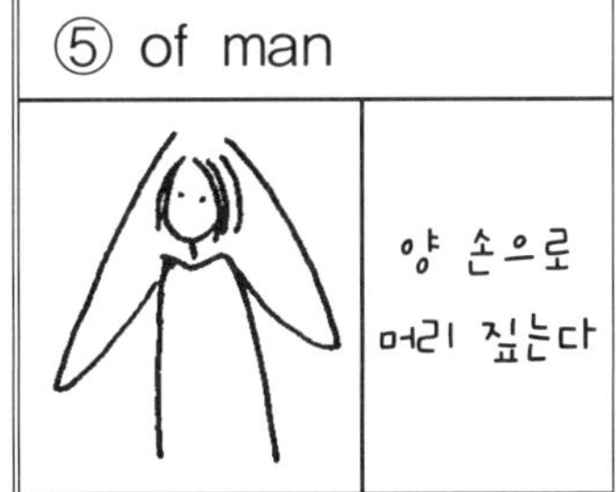

◼ **틀어보세요!**

"이것이 사람의 모든 것이다." 원문 번역이다. 사람의 존재 가치는 바로 하나님을 경외하는 것에 있다는 말이다. 이 말씀은 밑도 끝도 없이 주어진 말씀이 아니다. 전도서의 저자가 "일의 결국을 다 들었으니"라고 하며 결론적으로 내린 말씀이다. 그는 어떤 자인가? 세상 부귀영화를 누릴 대로 다 누려본 자이다. 사람들은 이것을 구하기 위해 때로는 혈육도 죽이고 인정사정도 없이 야비해지는 동물적인 모습들을 보이기도 하는데 이러한 모든 것을 누려본 그가 내린 결론이다. 이것이 인간의 본래의 기능인데 잃어버린 것이 되었다. 이것을 회복하는 길을 바로 예수님께서 이루셨다. 그 일을 이루기 위해 사용되어지는 방법이 바로 전도요 선교이다. 예수님을 믿어야 하는 본래의 목표는 천국이 아니다. 이것은 하나님과의 바른 관계를 맺게 된 사람들에게 결과적으로 주어지는 최종 선물이다. 그러므로 중요한 것은 사람의 본분을 되찾는 것이다. 그래서 우리는 이미 이 땅에서부터 하나님 나라가 이루어진다고 말한다. 하나님께서는 솔로몬에게 이러한 고백을 할 수 있도록 세상 부귀영화라는 조건을 만들어 주신 것 같다. 이것을 깨닫는 것이 하나님의 은혜이다.

이 백성은 내가 나를 위하여 지었나니 나를 찬송하게 하려 함이니라

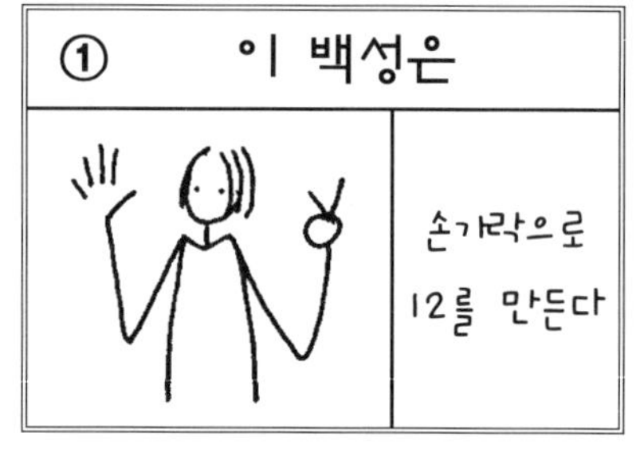

▦ **동작을 알아볼까요^^**

◇ **1번 (영1번)** : 이 백성은 하나님의 선택을 받은 하나님의 백성을 말하는 것으로 본 뜻은 이스라엘이며 넓게는 하나님의 택함을 받은 백성들을 말합니다. 그래서 이스라엘을 나타내는 열두 지파인 12로 표현했습니다.

◇ **3번 (영4번)** ; 찬양은 하나님께서 하신 일을 높이는 것이기 때문에 결국 하나님만이 최고이심을 표현하는 것입니다. 그래서 엄지

The people I formed for myself
that they may proclaim my praise

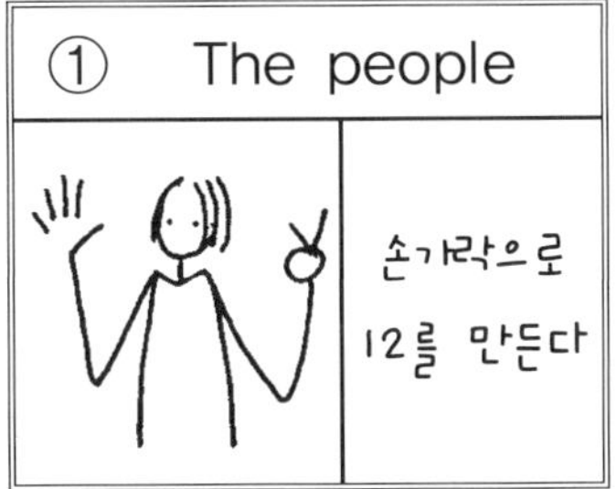

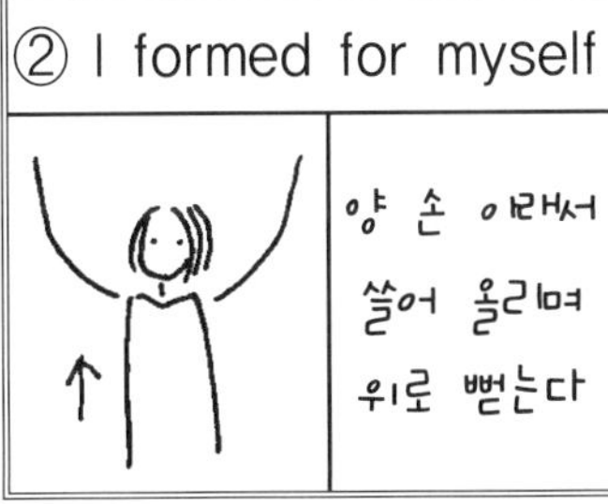

▦ **들어보세요!**

하나님께서 하나님의 백성들을 지으신 목적을 한 눈에 볼 수 있게 말씀하신 구절이다. 찬양은 예수님의 몸된 교회의 역할 중 가장 최종적인 것이다. 여기서 찬양이란 어떤 음악적인 노래만을 말하는 것이 아니다. 하나님을 높이는 삶 전체를 포함하는 것이다. 음악은 찬양의 표현 형태의 하나이다. 그런데 중요한 것은 우리가 하나님을 아는 것만큼 밖에 찬양 할 수 없다는 것이다. 하나님을 깊이 아는 자는 그만큼 더 하나님을 찬양 할 수 있게 되는 것이며 아무리 훌륭한 몸짓과 노래를 한다 해도 그런 하나님에 대해서 자신이 느껴보고 경험해보지 못했다면 그것은 하나의 공연에 불과한 것이다. 그럼 어떻게 하나님을 경험할 수 있을까? 그것은 하나님의 말씀을 통해서 만이 가능하다. 하나님께서는 자신을 어떤 추상적이거나 이상적인 것이 아닌 우리 손에 확실하게 잡힐 수 있는 말씀을 주셨다. 그러므로 바른 찬양의 시작은 바로 말씀을 묵상하는 데서 출발하게 된다.

육신에 있는 자들은 하나님을 기쁘게 할 수 없느니라

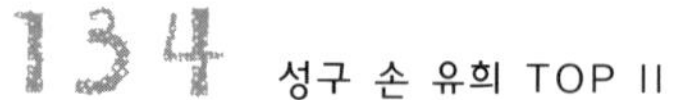

■ 동작을 알아볼까요^^

◇ 1번 (영1번) : 육신에 있는 자들이란 죄 아래 있는 자들이며, 지배된
다는 것은 어떠한 것의 지시에 따른다는 뜻이므로 손가락으로 지시
하는 동작으로 표현했습니다.

Those controlled by the sinful nature
cannot please God

▦ **들어보세요!**

그럼 육신에 없는 자들도 있다는 말인가? 육신이란 말은 구원 받지 못한 상태를 말하는 것이다. 그러한 자들을 육신에 있다고 말한다. 육신에 있다는 말의 반대는 영에 속했다는 말이다. 하나님의 영이 거하는 자는 영에 있다고 말한다. 겉으로 보기에는 다 똑같아 보이지만 속은 다르다. 우리 크리스천들은 속이 다른 사람들이다. 이런 자들만이 하나님을 기쁘시게 할 수 있는 특권이 있는 것이다.
그런데 미안하지만 이 특권 또한 친절하신 하나님께서 만들어 주신 것이다는 사실.

너희는 그리스도의 몸이요 지체의 각 부분이라

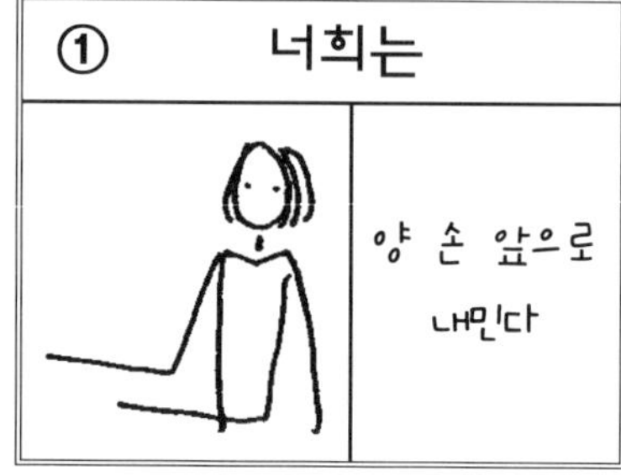

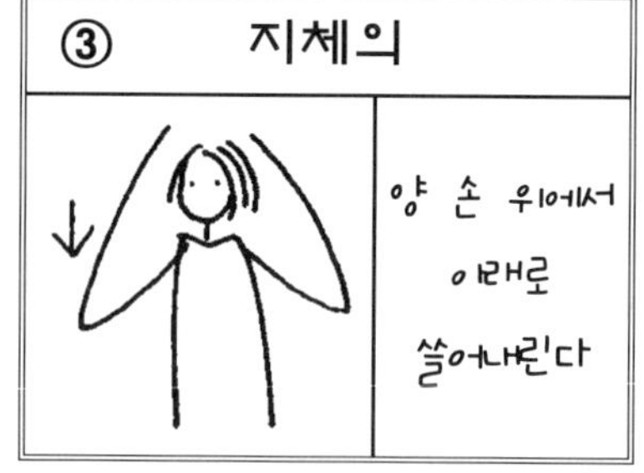

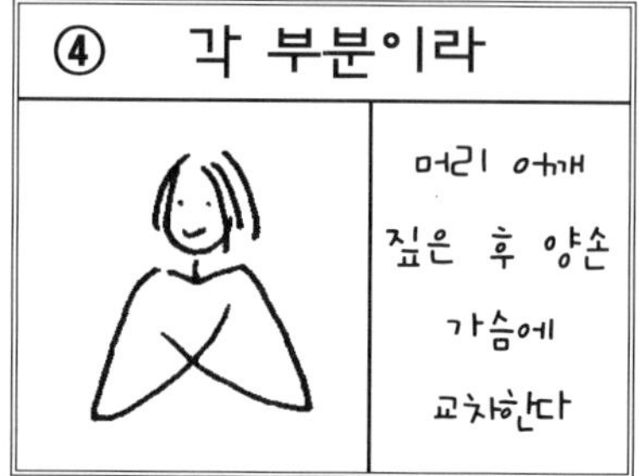

■ **동작을 알아볼까요^^**

◇ 3번 : 온 몸을 통틀어 다른 말로 지체라고 하는데 여기서는 그리스도의 지체를 말합니다. 그래서 몸을 쓸어내리는 동작으로 표현했답니다.

You are the body of christ
and each one of you is a part of it

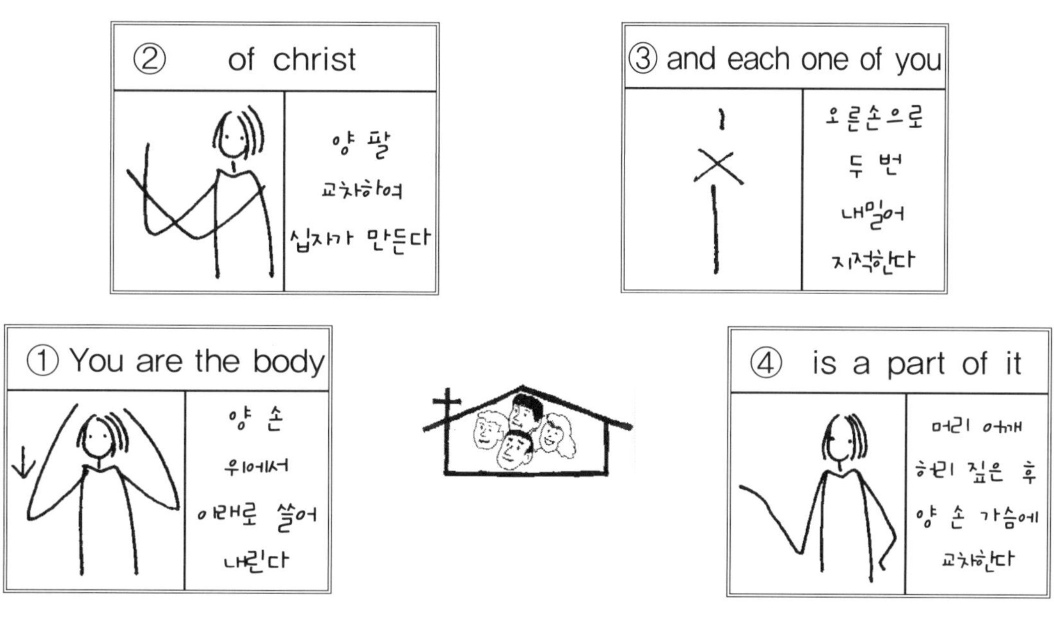

▦ **들어보세요!**

여기서 말하는 너희는 예수님을 믿는 사람들이다. 교회가 예수님의 몸이라는 말은 예수님을 나타내 보여주는 존재라는 말이다. 우리 몸에는 여러 지체들이 있지만 그렇다고 각각 떨어져 있는 것이 아니다. 한 몸에 붙어 있어 전체를 이루는 것이다. 우리 몸에 불필요한 지체는 아무것도 없다. 심지어 코 털 하나까지도 꼭 필요한 존재이다. 교회도 그렇다 우리가 볼 때는 하찮은 것 같은 사람도 하나님 께서 보실 때는 피로 값을 주고 사신 귀중한 존재이다. 그러니 어찌 소홀히 생각 할 수 있겠는가? 이 부분은 적은 교회일수록 더 실감 할 수 있다. 특히 시골 교회에는 노인 분들이 많이 계시는데 그분들은 자신이 아무것도 교회에 도움이 안 된다고 생각하시는 분들이 많다. 그것은 우리 생각이다. 아무튼 예수님의 몸은 예배당이 아니고 그 안에 모여 있는 사람이다. 그런데 종종 사람을 세우는 일보다 예배당을 세우는 일에 더 열심을 내는 것 같아서 마음이 슬플 때가 많다. 교회들의 대형화 추세가 이루어지다 보니 더욱 부채질하는 것 같다. 같은 하나님의 교회인데도 빈부 격차가 너무 심하고 꼭 그렇게 대형화되어야 하는지? 그래야 몸이 잘 세워지나?

너희가 전에는 백성이 아니더니
이제는 하나님의 백성이요

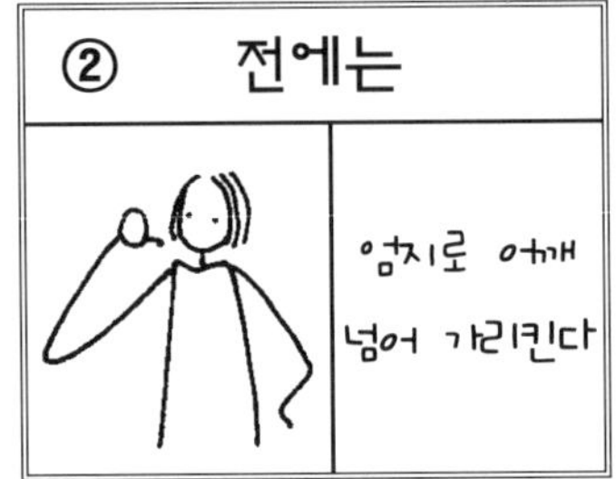

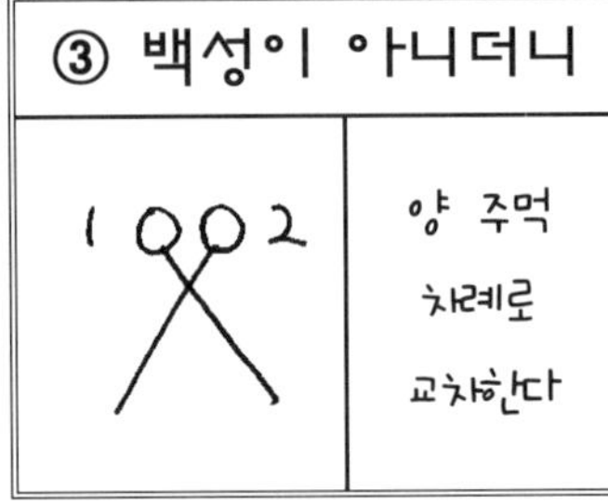

⬛ **동작을 알아볼까요^^**

◇ 3번 (영2번) : 백성이 아닐 때 우리의 상태는 죄 가운데 있는 상태이기 때문에 이렇게 표현했습니다.

Once you were not a people
but now you are the people of God

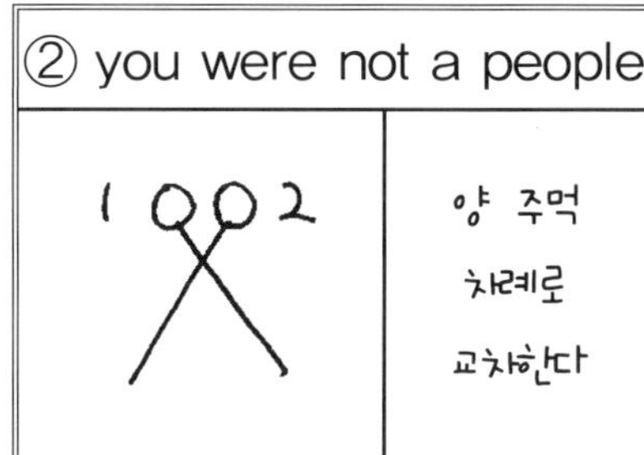

■ **들어보세요!**

우리말 중에 원정 출산이란 단어가 있는데 어떤 나라의 시민권을 얻기 위해서 그 나라에 가서 아이를 낳는 것이다. 웃지 못할 일이지만 얼마나 그 시민권이 좋으면 그렇게까지 해서라도 자식에게 줄려고 할까? 그러나 우리에게는 비교도 안 되는 시민권이 있다. 하나님나라 백성, 그들은 많은 돈을 들여 그것을 얻었지만 우리는 공짜이다. 안 좋아서 공짜가 아니고 너무 비싸기 땜에 살 수가 없어서 하나님께서 공짜로 주신 것이다. 하나님의 백성은 이세상의 모든 것을 다 가진 자이다. 이 이상 더 좋은 것이 뭐가 있을까? 그래서 우리 둘째 아들 이름을 하민, 하나님의 백성이라 하였다.

이 세상도 그 정욕도 지나가되
오직 하나님의 뜻을 행하는 이는 영원히 거하느니라

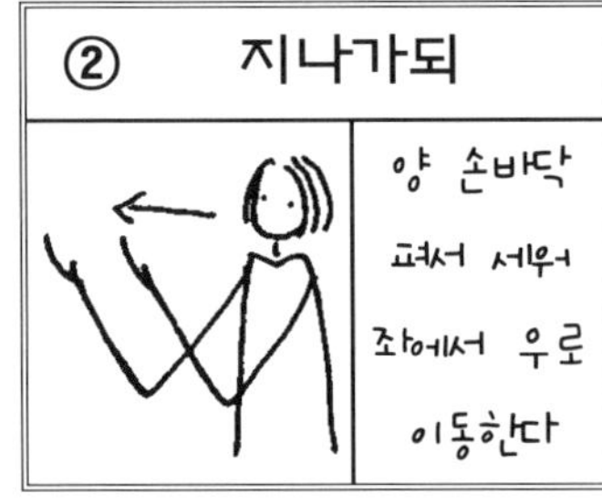

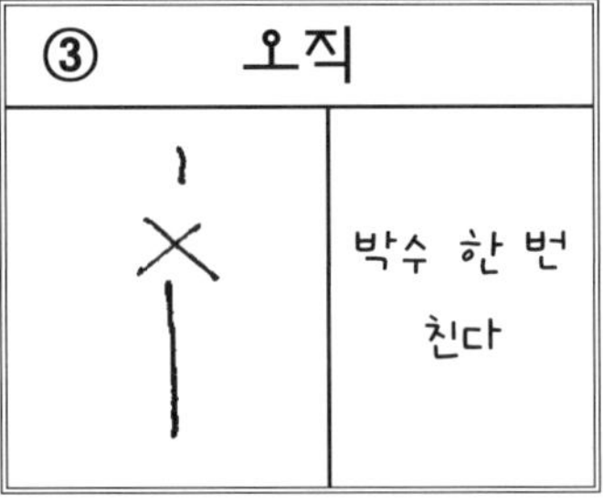

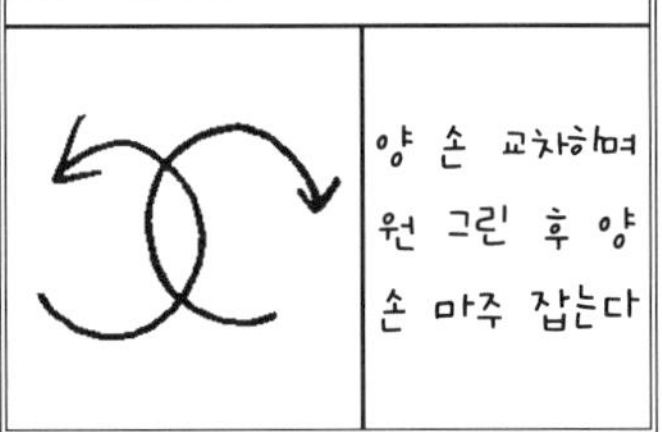

▦ **동작을 알아볼까요^^**

◇ 2번 (영3번) : 지나간다는 말을 없어진다는 의미이므로 이렇게 표현했습니다.

◇ 4번 (영5번) : 하나님의 뜻은 성경 말씀이기 때문입니다.

The wold and its desires pass away,
but the man who does the will of God lives forever

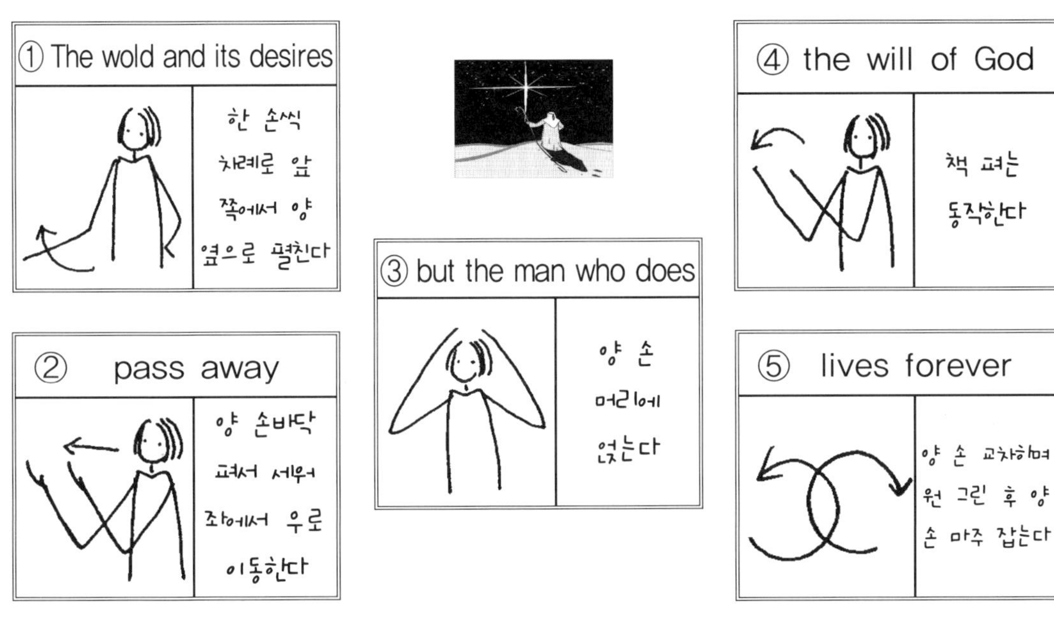

▦ 들어보세요!

남아공에서 선교하시는 박진호 선교사님에게 들은 얘기인데 총기 강도를 만나 2시간 동안 끌려다닐 때 '이제 난 정말 죽었구나' 생각하니 정말 이 세상에 가져갈 게 아무것도 없다는 것이다. 단지 '내 영혼 천국만 가면 이제 끝이구나' 하는 생각이 드니 모든 욕심이 다 사라지더라는 이야기였다. 사실 우리의 죽음과 함께 이 세상에 모든 것은 나에게 더 이상 의미가 없으며 죽음과 함께 사라져버린다. 단지 예수님을 통한 나의 영혼이 구원 받는 것, 이거 하나 남는 것이다. 이걸 좀 자주 생각해 본다면 이 세상 것에 대한 욕심이 많이 줄어들 것이다.

누구든지 예수를 하나님의 아들이라 시인하면
하나님이 저 안에 계시고 저도 하나님 안에 거하느니라

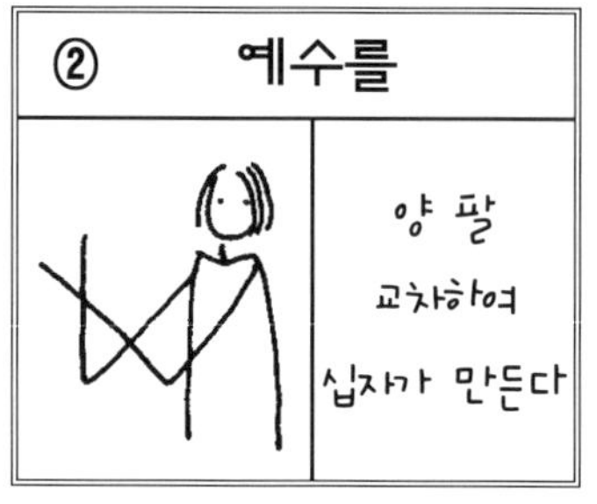

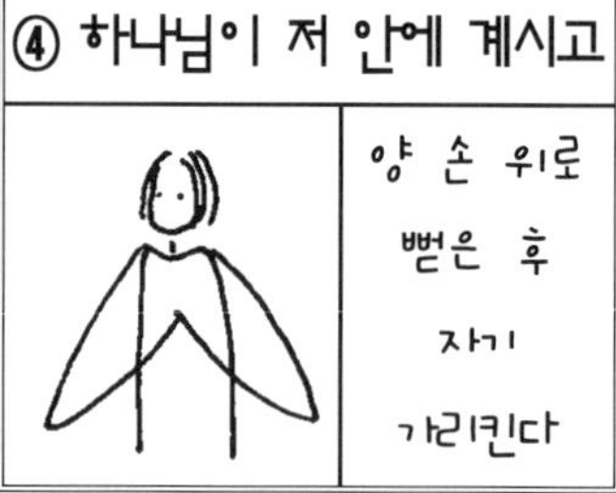

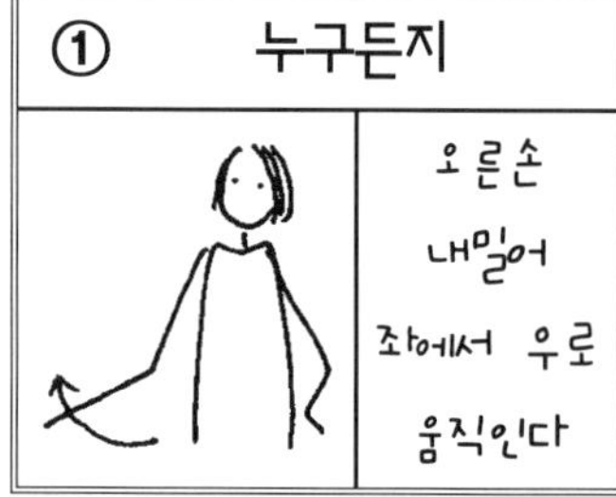

▦ **동작을 알아볼까요^^**

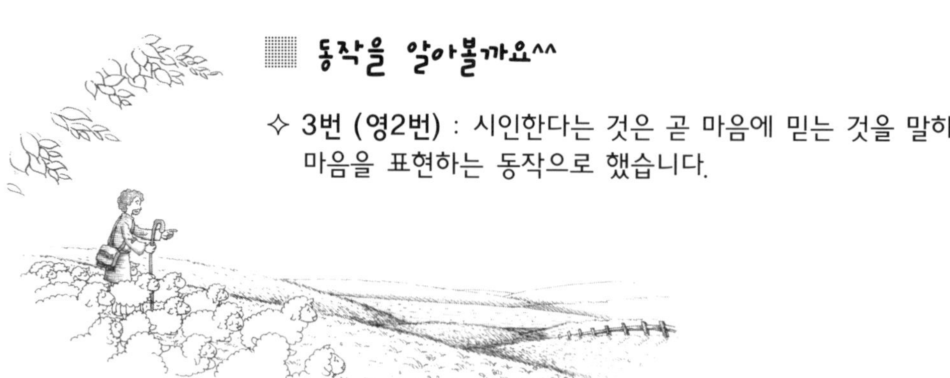

✧ 3번 (영2번) : 시인한다는 것은 곧 마음에 믿는 것을 말하기 때문에
마음을 표현하는 동작으로 했습니다.

If anyone acknowledges that Jesus is the Son of God, God lives in him and he in God in you?

■ **들어보세요!**

하나님께서 우리와 함께 계실 수 있는 조건은 바로 예수님을 하나님의 아들이라 시인하는 것이다. 여기서 하나님의 아들이라는 표현을 우리가 좀 생각해 보아야 하는데 우리는 인간적인 부자지간의 상태를 떠올리기보다는 그것의 관계성을 생각해야 한다. 왜 하필 하나님과 예수님의 관계를 아들과 아버지의 관계로 표현했을까? 이 세상의 관계에 있어서 예수님과 하나님의 사이를 가장 잘 표현할 수 있는 관계가 바로 아버지와 아들의 관계이기 때문이다. 하나님과 예수님의 친밀성, 권위의 동등함, 동일성 등 하나님의 사랑의 표현하는 방식에 있어서까지 이 아들로서의 관계 그 이상의 것으로는 표현할 길이 없다. 바로 예수님은 곧 성부, 성령하나님과 함께 온 우주를 창조하신 하나님이심을 인정하는 것이다.

 말씀

주의 말씀의 맛이 내게 어찌 그리 단지요
내 입에 꿀보다 더 다니이다

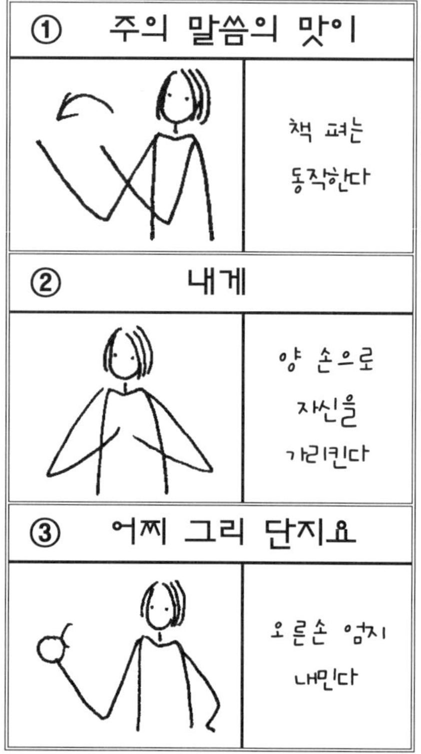

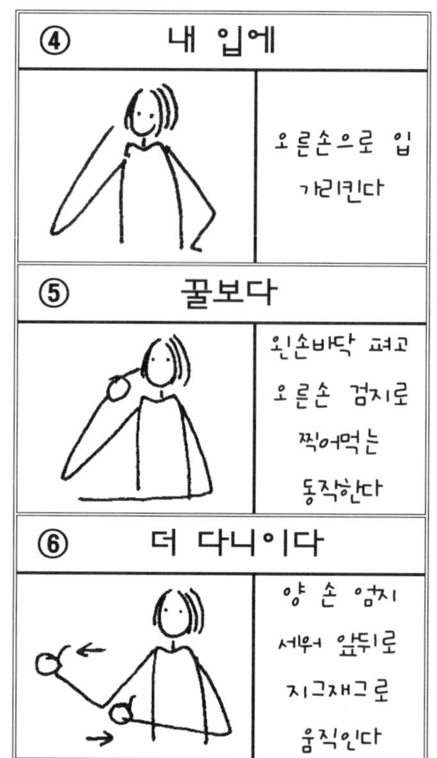

■ **동작을 알아볼까요^^**

◇ 3번 (영1번) : 입맛에 아주 좋다는 뜻으로 최고의 뜻인 엄지를 내미세요.

◇ 6번 (영3번) : 더하니이다는 더 좋다는 말이죠. 그래서 같은 뜻의 3번 동작과 같아요.

How sweet are your word to my taste
sweeter then honey to my mouth

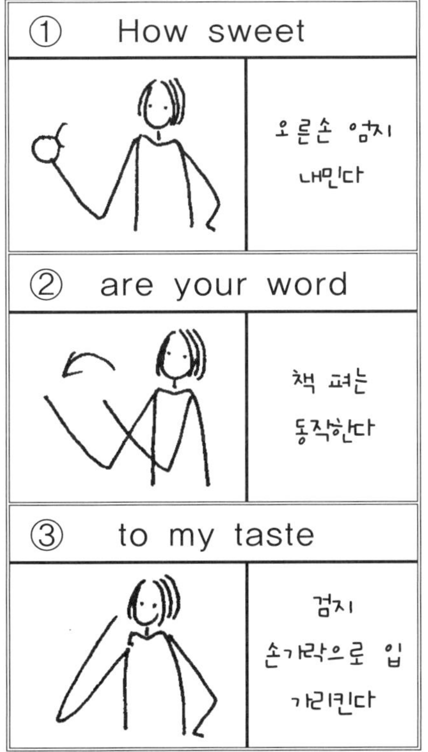

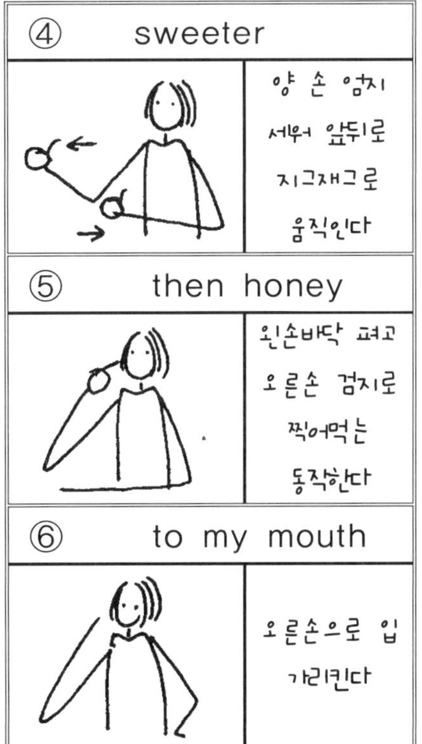

▓ **들어보세요!**

교인들에게 있어서 좋은 수면제가 있는데 그것은 구약과 신약이다. 구약이 약발이 더 좋다는 말이 있다. 웃자고 한 얘기지만 이 말씀과 너무 거리가 먼 이야기의 모습이다. 우리가 가장 좋은 맛을 말할 때 꿀맛 같다고 한다. 그런데 이 꿀맛보다 더 좋은 것이 하나님의 말씀이라고 한다. 그러니 하나님의 말씀이 얼마나 좋다는 고백인지 알 수 있다. 한국 크리스천들은 성경을 많이 읽질 않는 것 같다. 일주일의 삶을 목사님의 한편 설교에 매어 달리는 것 같다. 현대인들의 바쁜 삶, 그러나 텔레비전 보는 시간만 30분 줄여도 성경을 보기에는 충분하다. 단지 마음이 문제 아닐까? 가까운 형제가 말했다. 컴퓨터를 끄면 세상이 바뀐다고. 진짜 텔레비전을 끄면 크리스천들이 바뀔 것이다. 이렇게 말하고 싶다. 하나님의 말씀을 보며 꿀이 달다는 편견을 버리자.

주의 말씀은 내 발에 등이요 내 길에 빛이니이다

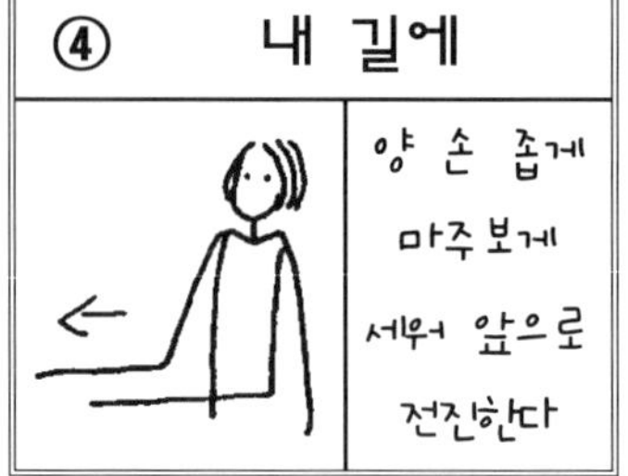

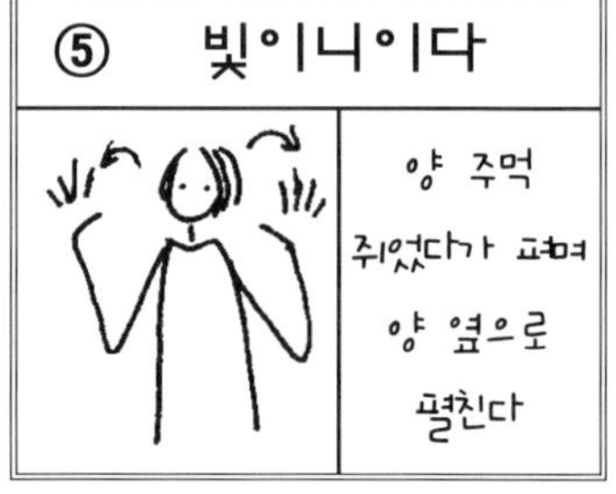

▨ **동작을 알아볼까요^^**

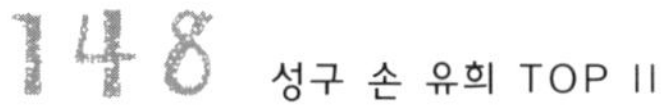

✧ 4번 (영5번) : 여기서 길은 가로등이 환히 켜지고 포장이 다 된 길이 아니고 좁고 힘든 길을 말하는 것이랍니다. 마치 우리 인생의 삶의 모습을 표현한 것 같지 않나요?

Your word is a lamp to my feet and a light for my path

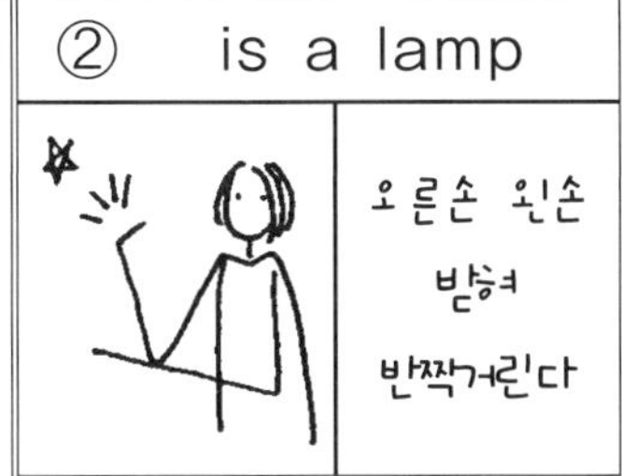

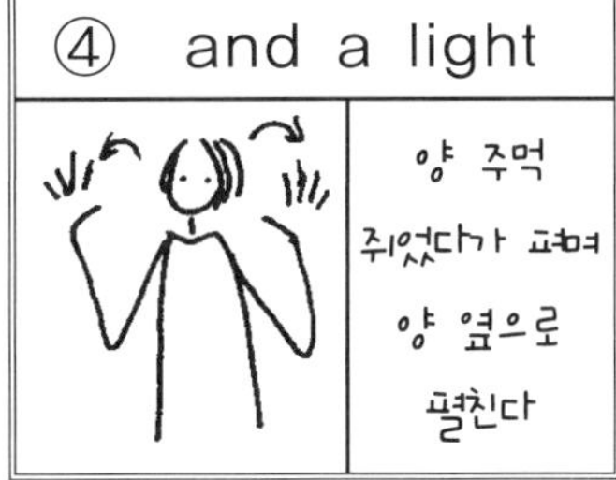

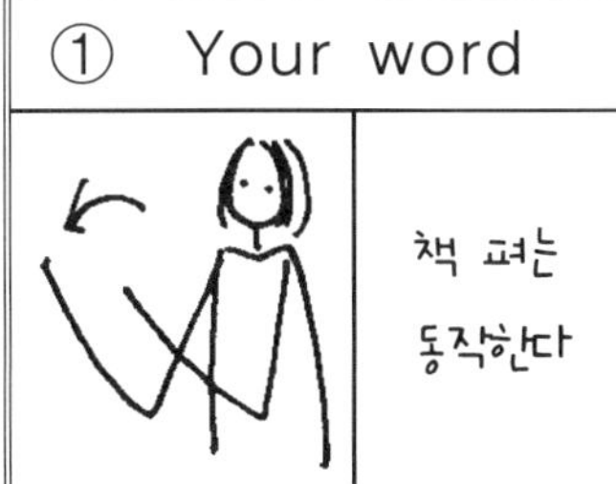

▦ **들어보세요!**

요즘 나름대로 신앙이 좋고 열심이 있다는 사람들이 많이 있는데 이 말씀의 고백은 하나님께서 공인하신 신앙 좋은 다윗의 고백이다. 때론 신앙이 좋다고 하는 사람들을 보면 상당히 왜곡된 신앙 생활을 하는 사람들을 종종 보게 된다. 자기의 어떤 꿈이나 환상이나 또 기도원 같은 곳에서 소위 예언, 계시 같은 것들에 큰 비중을 둔다. 마치 하나님께서 자신을 특별히 사랑하시는 것처럼. 그러한 것들이 정말 중요하다면 왜 다윗이 이렇게 고백했을까? 우리의 삶을 이끌어 가는 데 있어서 하나님의 말씀 외에는 다른 것은 의미가 없다. 하나님께서는 하나님의 백성들을 인도해 가시는 방편으로 하나님의 말씀인 기록된 성경을 주셨다. 제발 크리스천이라면 말씀 안에서 모든 것을 기준 삼아 살아갔으면 좋겠다.

주는 나의 은신처요 방패시라
내가 주의 말씀을 바라나이다

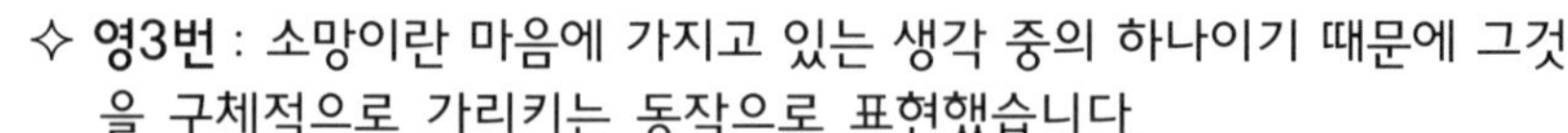

■ 동작을 알아볼까요^^

◇ 영3번 : 소망이란 마음에 가지고 있는 생각 중의 하나이기 때문에 그것을 구체적으로 가리키는 동작으로 표현했습니다.

You are my refuge and my shield:
I have put my hope in your word

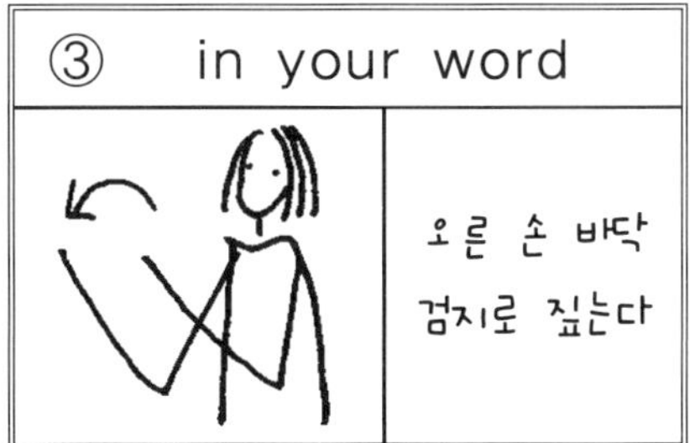

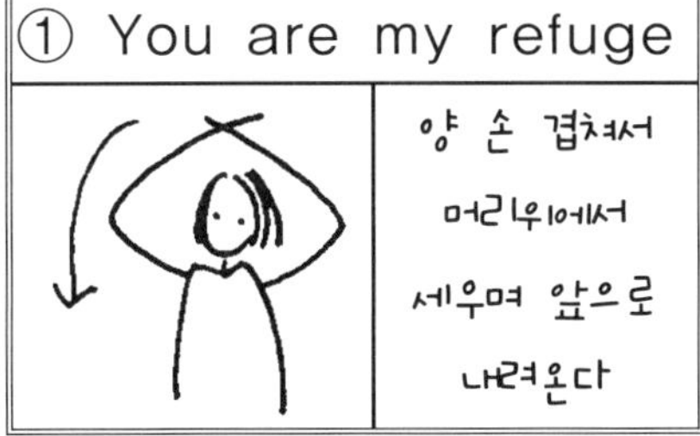

▨ **들어보세요!**

"나의 희망을 당신의 말씀에 두었다." 정말 멋있는 표현이다. 우리가 이 세상에 희망을 둘 곳이 어디 있을까 ? 하나님 말고 그것을 발견 할 수 있는 자가 있다면 무척 존경하고 싶다. 하나님께서 약속해주신 말씀 그것에 소망을 두는 것이 가장 현명한 것 같다. 왜냐하면 천상 천하 온 우주 가운데 하나님만이 홀로 변함이 없으시며 신실하시기 때문이다. 내가 착한 사람일 때나 그렇지 못할 때나 변함없이 말이다.

성령의 검 곧 하나님의 말씀을 가지라

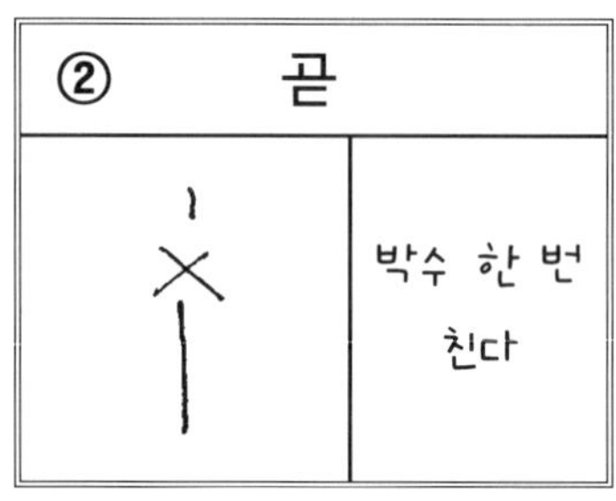

■ **동작을 알아볼까요^^**

◇ 다 아시겠죠!

Take the sword of the Spirit which the word of God

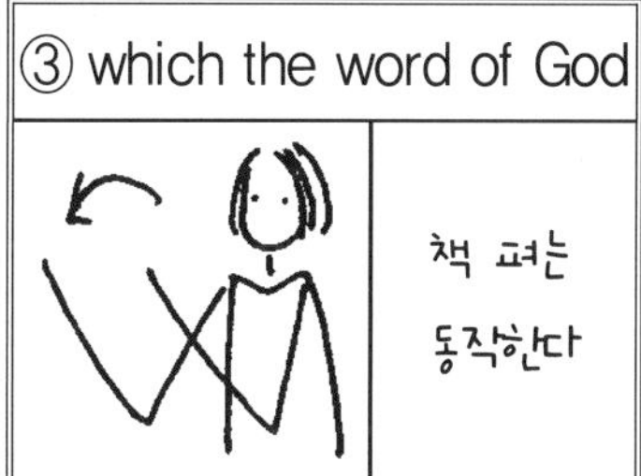

▒ 들어보세요!

크리스천들이 강건하여지고 마귀의 궤계를 대적할 수 있는 것은 저절로 되어지지 않는다. 그것을 위해서 하나님께서 우리에게 주신 것이 있는데 바로 전신갑주이다. 하나님의 말씀은 하나님께서 우리에게 주신 전신갑주 중의 하나로 이것은 성령 하나님의 검으로 표현되고 있다. 하필 왜 검일까? 우리는 지금 영적 전쟁 가운데 있기 때문이다. 검은 싸움에 있어서 가장 필수적인 것이다. 칼이 없는 전쟁은 상상이 안 간다. 바로 말씀이 우리에게 있어서 이러한 기능을 하기 때문이다. 정말 말씀이 약한 사람들이 쉽게 넘어지고 흔들리는 것을 보면 이 말씀을 실감할 수 있다. 암튼 열심히 말씀을 읽고 또 읽어서 우리의 칼을 반짝 반짝 빛나게 해야겠다. 성령 하나님의 검인데....

세상

하늘이 하나님의 영광을 선포하고
궁창이 그 손으로 하신 일을 나타내는도다

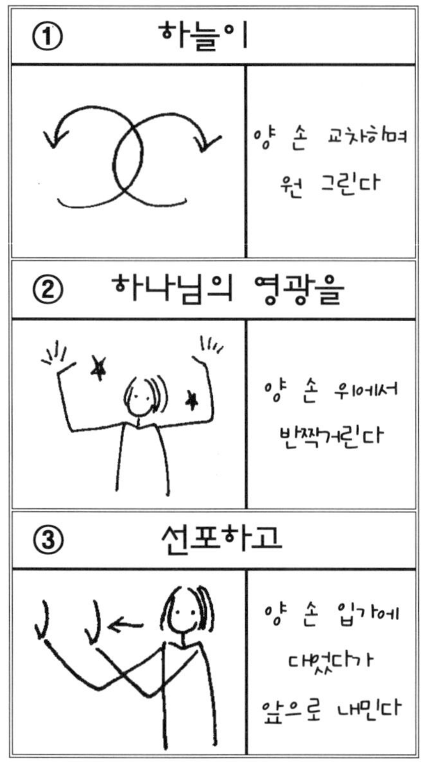

▓ 동작을 알아볼까요^^

◇ **1번 (영1번)** : 여기서 하늘과 4번 궁창이 나오는데요. 비슷한 말 같지만 많이 다르답니다. 1번의 하늘은 창세기 1장 1절에서와 같은 우주적 하늘의 의미구요.

◇ **4번 (영4번)** : 궁창은 우리의 눈으로 볼 수 있는 파란 하늘만을 말한답니다.

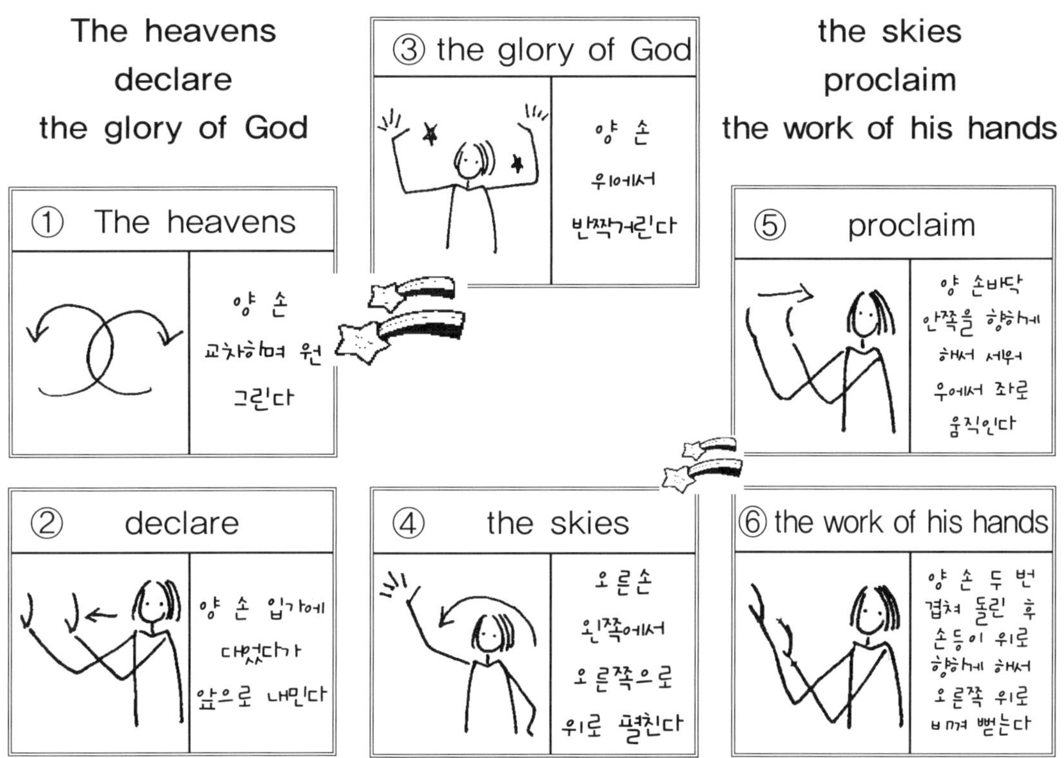

▦ **들어보세요!**

많은 사람들은 하나님을 보고 싶어 한다. 믿는 크리스천들조차 말이다. 어떤 것을 보고 싶어 하는 것 인간의 본성 중 하나인 것 같다. 그러나 하나님은 우리 눈에 볼 수 있는 분이 아니다. 하지만 우리 눈에 보이지 않는다고 해서 없다는 논리는 맞지 않는 경우가 많다. 우리는 간접적으로 어떤 것의 존재를 확인할 수가 있는 경우가 있는데 하나님도 마찬가지이다. 그 중 하나가 바로 이 말씀이다. 궁창과 하늘은 무엇인가? 그것은 하나님의 작품이다. 그렇기 때문에 그것 자체가 하나님을 말해주고 하나님의 손으로 하신 일을 우리에게 보여주고 있는 것이다. 하나님을 보여 달라는 자에게 하나님의 작품을 소개해주면 그것보다 확실한 증거가 있을까? 믿든지 안 믿든지 우리의 할 일은 그것 밖에 없다.

그러나 주의 날이 도둑 같이 오리라

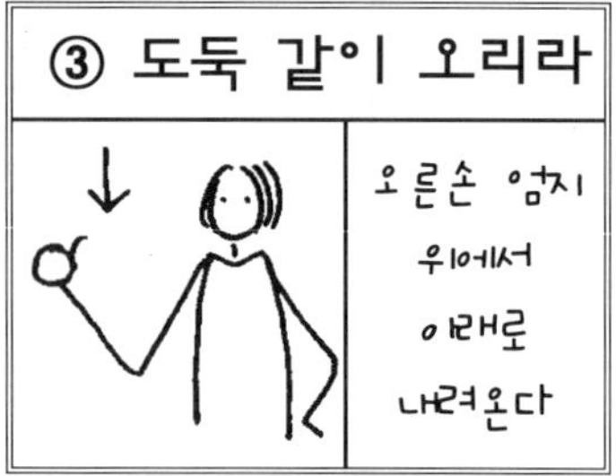

③ 도둑 같이 오리라

■ 동작을 알아볼까요^^

◇ 별로 어려운 동작은 없죠!

The day of the Lord will come like a thief

▨ **들어보세요!**

주의 날은 인류의 마지막 날이다. 그 날은 반드시 임하는데 아무도 예측할 수 없기 때문에 "도둑 같이"라는 표현을 사용했다. 주의 날, 인류의 마지막 날 하면 거창하게 느껴지는데 사실 이것은 각 개인의 죽음을 동시에 말해 주고 있다. 주님의 날을 하루하루 기다리며 산다는 것은 곧 자기의 죽음을 항상 눈앞에 두고 살아가는 것과 마찬가지이다. 어쩌면 그것이 먼저 올 가능성이 많다. 우리는 갑자기 죽는 성도들을 볼 때 그것을 실감하게 된다. 그런데 우리가 쉽게 빠지는 잘못은 항상 내일을 기대하며 가지는 그것에 대한 느긋함이다. 희망이 있는 것은 좋은데 우리가 깨어 있는 데는 도움이 안 된다. 이 말씀을 통해서 우리에게 요구하시는 것은 항상 깨어있을 것이다. 깨어 있는다는 것은 쉽게 말하면 오늘 죽을 사람처럼 산다고 표현하고 싶다.